U0004939

澳門自由行

自由行

7條路線懶人包

細心圖解指引，帶領你前往各大景點！

世界遺產╳美食饗宴╳歷史文化╳酒店風情╳親子旅遊

作者◎超級旅行貓

攝影◎超級旅行狗

太雅

目錄

編輯室提醒

出發前，請記得利用書上提供的Data再一次確認

每一個城市都是有生命的，會隨著時間不斷成長，「改變」於是成為不可避免的常態，雖然本書的作者與編輯已經盡力，讓書中呈現最新最完整的資訊，但是，我們仍要提醒本書的讀者，必要的時候，請多利用書中的電話、網址，再次確認相關訊息。

資訊不代表對服務品質的背書

本書作者所提供的飯店、餐廳、商店等等資訊，是作者個人經歷或採訪獲得的資訊，本書作者盡力介紹有特色與價值的旅遊資訊，但是過去有讀者因為店家或機構服務態度不佳，而產生對作者的誤解。敝社申明，「服務」是一種「人為」，作者無法為所有服務生或任何機構的職員背書他們的品行，甚或是費用與服務內容也會隨時間調動，所以，因時因地因人，可能會與作者的體會不同，這也是旅行的特質。

新版與舊版

太雅旅遊書中銷售穩定的書籍，會不斷再版，並利用再版時做修訂工作。通常修訂時，還會新增餐廳、店家，重新製作專題，所以舊版的經典之作，可能會縮小版面，或是僅以情報簡短附錄。不論我們作何改變，一定考量讀者的利益。

票價震盪現象

越受歡迎的觀光城市，參觀門票和交通票券的價格，越容易調漲，但是調幅不大(例如倫敦)，若出現跟書中的價格有微小差距，請以平常心接受。

謝謝眾多讀者的來信

過去太雅旅遊書，透過非常多讀者的來信，得知更多的資訊，甚至幫忙修訂，非常感謝你們幫忙的熱心與愛好旅遊的熱情。歡迎讀者將你所知道的變動後訊息，善用我們提供的「線上讀者情報上傳表單」或是直接寫信來taiya@morningstar.com.tw，讓華文旅遊者在世界成為彼此的幫助。

太雅旅行作家俱樂部

跟著玩家一起走，不用怕迷路！

屈指一算，這已是第三次寫澳門旅遊書了，之前兩本一本以美食，另一本以主題旅遊為主，而這一本我決定寫一些從前沒有寫過的，就是以7條旅遊線路為重心，再加上交通、住宿、美食密技的旅遊指南書，每章的標題就是一個主題，讓大家可以像查找字典一樣，輕易找到自己想知道的問題的答案。

就如之前在我的另一本裡《澳門食尚旅行地圖》裡介紹過，雖然澳門是以博彩著名，但好玩的地方並不只有賭場呢！這裡有豐富又免費的世界文化遺產，有著中西交織著的有趣文化、好吃又有特色的美食、多間繁華璀璨的酒店，還有酒店提供的精采表演，因為旅遊元素豐富又多姿多彩，澳門漸漸發展成旅遊休閒活動中心，每年都吸引了大批旅客前來遊玩(當中包含了很多台灣和香港的旅客)，令這個小城漸漸變得熱鬧起來。

很多遊客來澳門玩，交通都是一大難題，因為澳門並沒有地鐵，輕鐵也在興建中，尚未啟用，所以目前還是以巴士為主，但澳門的巴士系統卻很複雜，很多遊人對路線和乘坐方法都不懂，也不知道該在哪個站下車。也因為交通一直是最令人頭疼的問題，所以我決定寫一本以交通為主的書，為大家設計好7條主要路線，再詳細為大家介紹每個景點下車的地方、如何坐車、如何查詢有關巴士的資訊，跟大家分享一些在澳門坐巴士需要注意的事情等，更設計了在其他澳門旅遊書甚少出現——從各區前往其他地區的交通圖，要怎樣坐巴士，在哪裡上車，在哪裡下車，只要一看圖表，便能一目了然！

另外，書裡也離不開我最喜歡的澳門美食啦！這裡用了大篇幅向大家介紹了澳門又便宜又道地的各式美食，還有一些其他旅遊書較少介紹，只有當地人才懂得去的私房食店。書裡也涵蓋了澳門的特色購物地點、澳門限定的有趣貨品、各大酒店精采表演等。總之，值得玩的、吃的、住的，書裡都齊備了，只要跟著這本書走，就不用怕迷路啦！

能與志同道合的朋友分享旅遊心得，是最快樂不過的事，若能令更多朋友因此愛上澳門，就更美好圓滿了！希望大家在看完本書後，能發掘到澳門各種的美，設計出最適合自己的玩法，享受一趟與眾不同的澳門之旅！

超級旅行貓

超級旅行貓 (梁詠怡)

　　英語研究系碩士畢業，於澳門一間中學任教英語，非常熱愛旅行及寫作，特別喜歡自助旅行和美食，平均一年會去旅行3～4次。是個土生土長的澳門人，對澳門美食有濃厚興趣，因為曾寫過兩本澳門旅遊書，對澳門旅遊資訊十分熟悉。曾接受《自由時報》專訪，跟讀者分享日本自駕心得，在知名旅遊網站「背包客棧」、UTRAVEL、YAHOO奇摩旅遊及澳門主要報紙《澳門日報》發表多篇旅遊攻略及文章，在中國著名旅遊APP如〈攜程攻略〉及〈最會遊〉擔任作者。曾出版4本旅遊著作：《澳門食尚旅遊地圖》(太雅)、《北海道 美景出沒注意》(華成)、《澳門人的口袋地圖》(華成)、《去日本自助旅行 給超新手的旅遊密技全圖解》(創意市集)。

超級旅行狗 (梁匡民)

　　資訊科技碩士畢業，在澳門一間中學任教電腦，和妻子旅行貓一樣熱愛旅行，除了熱愛拍下行程裡有趣的事物之外，也很喜歡美食，亦時常把自己的旅遊經驗在「背包客棧」上與志同道合的朋友分享。第一次出國旅行便遠赴歐洲，自此便對旅行不能自拔，每一年都要完成幾次旅行。因為旅行貓的方向感欠佳，每次找地圖和駕車的重任都會落在旅行狗身上。

我們的FACEBOOK專頁：「超級旅行貓」
我們的部落格：blog.xuite.net/supertravelcat/blog

如何使用本書
How to use

精選7條必玩路線，以景點串連方式規畫行程。收錄最實用的地圖資訊、介紹必嘗的在地美食、不可不看的世界遺產、奢靡華麗的酒店風情，照著走，規畫一趟順暢的澳門之旅！

路線規畫

7條不同風情的路線懶人包，1條路線代表1日遊行程，讓懶得規畫行程的人直接照著玩。易於掌握方向、節省不必要的交通時間！

路線特色
路線特色重點提要與適合的受眾分析，一目了然。

遊玩散策
提供行程的時間串連、景點間的交通方式與停留時間。

交通方式
不想照著安排好的路線玩，各景點單獨前行的交通方式，讓你自行安排行程。

圖解指引
此景點如何前往下個景點的方法與圖解，讓你看著圖，照圖走不迷路！

玩家帶路
此景點作者額外的私房推薦、小撇步與貼心叮嚀。

用餐選擇
若不想在路線中推薦的餐廳用餐，另外還提供多家值得一訪的餐廳。

美食餐飲

在地美食介紹，還有吃到飽自助餐推薦，以及美食評比分析表。

美食特搜
街上處處可見美食的店家，作者以在地經驗，推薦不踩雷與價格合理的店家。

推薦的美食項目
推薦的用餐店家

特輯放大鏡

搶先認識澳門的大型節慶、以及精選不可錯過的玩樂重點！

住宿資訊

各區的入住地點與前往方式，還教你善用免費接駁車前往酒店。

交通祕技

提供澳門的交通方式、教你如何找到巴士站，並整理出重要巴士站名，可依前往地點，得知哪一站下車！

旅遊情報站

旅遊資訊、機場、生活實用資訊、推薦網站與APP都在這邊。

購物血拼

在地特色購物地點、必買的紀念品與伴手禮有、購物提醒。

實用地圖+交通路線圖

本書設計了在其他澳門旅遊書甚少出現的交通圖，上下車地點一目了然！搭配地圖一起使用，割下小冊子隨身帶著，走到哪到哪。

本書icon說明

| ✉ 地址 | ➡ 交通 | 🕐 營業時間 | 📞 電話 | 💲 票價 | http 網址 | ⁉ 注意事項 | MAP 地圖 |

| 🏯 景點 | 🏠 住宿 | 🍴 餐廳 | 🛍 購物 | ● 重要地標 | 🚕 計程車站 | 🏢 旅遊中心 | ⚓ 碼頭 | 🚌 巴士站 | ✈ 機場 |

澳門玩樂 TOP 6

從前，澳門給人的印象就是有很多賭場，其實近年來澳門的旅遊元素越來越多，不論是看古蹟、嘗美食、購物血拼、看秀、參加慶典，經過澳門政府的大力推動及打造，這裡成為一個多彩多姿的旅遊城市。

1 世界文化遺產

由於受殖民歷史因素影響，澳門的很多建築都有一個特色，就是中西文化交融，在中式大宅裡可以找到西式設計，在西方教堂裡可以找到中式壁畫，這也造就了澳門建築獨特的風格。這些別具一格的建築

> 建於1864年的東望洋燈塔，是東望洋山的三大名勝古蹟之一

群，在2005年獲聯合國教科文組織選為世界文化遺產，稱為「澳門歷史城區」，包括了著名的大三巴牌坊、大炮台、崗頂劇院、盧家大屋、鄭家大屋、港務局大樓、媽閣廟、東望洋燈塔等等。主要集中在大三巴區及風順堂區。大多數文化遺產都是免收入場費，有些如鄭家大屋更設有免費導賞服務。來到澳門，不到這些充滿中西文化色彩的建築寶物參觀一下，真的有如入了寶山空手而回了！

1 具有巴洛克建築風格特色的聖若瑟修院／**2** 富有南歐建築藝術特色的民政總署（©林孟儒）／**3** 建於1888年的哪吒廟（©林孟儒）

富有懷舊風情的福隆新街

2 歷史古蹟

　　除了世界文化遺產外，澳門亦有不少歷
史古蹟，如傳統中國廟宇：蓮峰廟、觀音堂、美麗的嘉模教堂、望德聖
母堂、充滿懷舊情懷的福隆新街、十月初五街、關前街等，充滿著濃厚
的文化色彩，很適合作為一次具有文化底蘊的人文之旅。

崗頂一帶以西式建築為主，在此閒逛有如置身歐洲　　仍保留著很多富有葡國風格的美麗建築

3 血拼購物

　　說起購物天堂，大家會第一時間想到香港。的確，論貨品的種類，澳門
遠遠不及香港，但澳門卻有著另一優勢，就是價錢相對較便宜，而且貨品
都很有特色。除了衣飾精品外，還可以買到很有特色的伴手禮(即手信)，如
杏仁餅、花生糖、豬肉乾等，還有很多結合了葡國和澳門特色的貨品，如
沙丁魚、變色天氣雞、葡國瓷雞等，全都很有特色，值得購買！

1 澳門處處可買到好吃的杏仁餅／**2** 特色的葡式辣魚(沙丁魚)罐頭，只有澳門有／**3** 各式
各樣的葡國瓷雞紀念品

4 酒店看秀

　　到澳門的酒店看秀已是不少遊人的指定娛樂，一些大型收費表演如新濠天地的水舞間，蝙蝠俠夜神飛馳等都大受歡迎。此外，還有不少免費的表演，如永利澳門的吉祥樹、富貴龍、永利皇宮的音樂噴泉等等，也是很推薦大家排進行程表裡的節目！

1.2.3. 水舞間是澳門最受歡迎的大型表演，是很多旅客來澳門的指定節目(圖片提供/新濠天地)／**4** 在永利皇宮可以邊坐纜車邊欣賞湖中表演(◎林孟儒)

5 美食掃街

　　很多遊人已來過澳門多次，大三巴、龍環葡韻等等名勝景點也不知去過多少遍了，可是還是對澳門情有獨鍾，不時會回來遊玩，其中一大原因是為了澳門豐富多元的美食！這裡有各式料理：廣東式、葡國、日本、韓國、泰國、緬甸等等，道地又充滿風味的街頭小吃、糕餅、點心、甜品比比皆是。知名、好吃、價錢合理的小吃店遍布大街小巷，難怪不少遊人來到澳門，都只為了大快朵頤一頓！

1 來到澳門，怎能錯過美味又精緻的粵式點心／**2** 澳門的葡撻是必吃美食／**3** 澳門也可品嘗到富有特色的印尼料理

美味可口的籠仔飯

6 擁抱自然

　　在開發越來越頻繁，建屋越來越多的澳門，無疑自然旅遊資源並不如很多地方豐富，可是在澳門仍能找到很多可以擁抱自然的淨土，如路環郊野公園、黑沙海灘、竹灣海灘、黑沙水庫公園等，可以讓大家遠離塵囂，洗滌心靈。

1 石排灣郊野公園飼養了很美麗優雅的火烈鳥／**2** 大家跟可愛的小貓熊打個招呼吧／**3** 去郊野公園玩的朋友，可以順道一遊免費入場的土地暨自然博物館

精采的大型節日

為了推動旅遊，營造更豐富的旅遊元素，澳門旅遊當局大力推動各種大型節慶活動。在活動期間，很多活動都是免費又精采，吸引了很多遊人特地來到澳門參與。這些節慶都在固定的月分，但卻在不同的日子舉行，若有意來澳門參加的朋友，記得留意澳門旅遊局的官網介紹喔！

澳門國際煙花匯演

平時的煙花表演，多數都只會是來自一個國家或地區，也只會在特定節慶如新年時才會舉行，但澳門國際煙花匯演卻是延續幾個週六，每晚都有來自兩個國家的煙花廠獻技，可以參考官網，決定看哪個國家的比賽，然後在比賽期間來澳門便可以了。

🕐 每年9月

✉ 南灣湖旅遊塔

http fireworks.macaotourism.gov.mo

1.2 煙花配合旅遊塔的璀璨夜景，分外奪目，可以欣賞到各個國家的美麗煙花，是澳門國際煙花匯演的最大特色(圖片提供／澳門旅遊局)

亮點 比賽期間，每個週六的21:00及21:40都有兩場表演，當中以日本、中國、法國、瑞士等國家較精采。觀看地點有旅遊塔、南灣一帶、觀音像、壹號廣場前空地等等，部分地點如旅遊塔及觀音像更有音響效果。

格蘭披治大賽車

　　這可說是澳門最具代表性，最重要的體育盛事。這項活動已有六十多年的悠久歷史，曾孕育出多位享負盛名、威振車壇的世界級車手，如冼拿、舒馬克兄弟、夏健倫等，都曾參加過澳門的三級方程式賽事。因為澳門使用街道賽道，彎多路窄，難度頗高，吸引了不少高手參賽，亦是眾多車隊挑選車手的最佳時間，造就了比賽的更大可觀性。

🕐 每年的11月中旬

🔗 www.macau.grandprix.gov.mo

亮點 ■**三級方程式**：在澳門賽事中時速最快的賽車，亦是三級方程式車手晉身世界一級方程式賽事的重要平台。

■**世界房車錦標賽**：澳門賽車的東望洋房車賽事，曾作為世界房車錦標賽的壓軸賽事，眾多高手雲集，精采絕倫。

■**國際汽聯GT世界盃**：多款車式絕帥的跑車亮相，最適合喜歡欣賞跑車的車迷，賽事的可觀性很高。

票價

位置	練習賽	賽事日
大看台(A)(不設劃位)	50	550
葡京看台(劃位座位)	50	900
水塘看台(不設劃位)	50	350
水塘看台(不設劃位)	50	130
※持有效學生證者		

※ 以上資料時有異動，出發前請再上官網確認。
※ 價格為澳門幣。若使用港幣與人民幣，同價。

澳門美食節

　　澳門匯集了多種美食，又有這麼多吃的人氣小吃店，但店家分布在各區，旅遊的時間有限，要全部一網打盡實在不是易事啊！為了讓居民和遊人一飽口福，每年都會在西灣湖廣場舉辦澳門美食節，至今已舉辦了十多屆了，每年都有多間食店參與，可以在短時間內享用多種美食。

🕐 每年11月上旬至中下旬

✉ 旅遊塔前西灣湖廣場

🔗 www.facebook.com/macaufoodfestival

亮點 分為中式美食街、亞洲美食街、歐陸美食街、風味美食街、甜品街等，共超過一百多個美食攤位，而且每年都會邀請來自外地的美食參與作為每年不同主題，如日本、韓國、奉國、馬來西亞等，只要到購票處購買現金券，就可以到各個攤位挑選喜歡的美食了。

每到美食節總是人山人海，可在短時間內一次品嘗眾多美食

醉龍節

　　每年農曆的四月初八是佛誕，在澳門多處都有隆重的活動，其中最受注目、最廣為人知的，就是由鮮魚行舉辦的醉龍節和排龍船頭飯的活動。舞醉龍是歷史悠久的民間活動，也是國家的非物質文化遺產，每年都吸引大批市民及遊人參與。

🕐 農曆四月初八

✉ 議事亭前地、三街會館、紅街市等地點

http www.culturalheritage.mo/cn/detail/135/1

亮點　舞醉龍的最大特色，是舞者都會先把自己灌醉，然後一個舞著龍頭，另一個舞著龍身，以醉醺醺的姿態起舞，在舞龍期間更會噴出口中的酒，充滿了激情澎湃，令人看得熱血沸騰。醉龍隊伍會兵分多路，在澳門多個地方巡迴舉行，除了舞龍外，鮮魚行更會在多個街市免費派發以素菜或豬肉做成的龍船頭飯，相傳只要吃了這些飯菜，孩子們都會健康長大，所以吸引了不少市民前來輪候。

1 醉龍表演令人看得熱血沸騰／**2** 除了醉龍，還有舞龍表演呢

澳門國際幻彩大巡遊

來自各地的表演隊伍，為巡遊增添了歡樂氣氛

要說到澳門最熱鬧、最精采、最值得一看的巡遊，一定非澳門拉丁城區幻彩大巡遊莫屬了。每年都有多隊來自多個國家、地區及本地的組織參與——歡樂的音樂、色彩繽紛的舞衣、演出生動，熱情高漲的演出者，把整個巡遊的氣氛推至最高峰！巡遊的起點在大三巴牌坊，會經過板樟堂、大堂前地、南灣大馬路、南灣湖景大馬路、何鴻燊博士大馬路，以西灣湖廣場為終點。

🕐 每年12月上旬或中旬

✉ 從大三巴牌坊出發，途經南灣湖，以西灣湖廣場為終點

http www.icm.gov.mo/cn/events/76

亮點 在巡遊後，各隊表演隊伍都會雲集西湖灣廣場，舉行一場精采大匯演，到時還有像尼斯巡遊一樣的大型氣球演出，整個廣場都人山人海，大家都盡情投入歡樂的氣氛當中，場面震撼，令人難忘。

澳門光影節

自從在早幾年旅遊局結合了世界文化遺產和光影表演，舉辦澳門光影節後，無論居民或是遊客都好評如潮，因此當局決定繼續舉辦。曾舉辦的地點包括大三巴及風順堂一帶。當局會在這些地方設立特效燈光裝飾，璀璨美麗，色彩繽紛，配合澳門歷史城區的優雅建築，編寫出如詩般優美的畫面。

🕐 12月

✉ 地點每年不同，請留意官網公布

http www.icm.gov.mo/macaoparade

亮點 除了燈光裝飾外，在某些景點還設有光雕表演，迷幻的燈光會投射在建築物上，帶領大家進入如夢似幻的彩色世界。

1 燈光映照着美麗的港務局大樓／**2** 每半小時會在特定地點上演光雕表演／**3** 光影節現場點綴的夢幻燈飾

特色的 澳門限定

雖然澳門和香港有很多相似之處，但澳門亦擁有自身獨特的歷史背景和文化，所以在澳門和香港遊玩，大家會有兩種截然不同的感覺，而在澳門亦能找到許多香港沒有的「澳門限定」，大家在旅程之中不妨多加留意！

葡式石路

有人說，來到澳門，就如置身葡國一樣。因為澳門曾作為葡萄牙的殖民地，建築特色深受其影響。在很多廣場和重要街道，大家都可以找到圖案優美典雅的葡式碎石路，利用黑白兩色的階磚，拼砌出鮮花、帆船、動物及各種幾何圖案。除了葡國碎石路外，在某些地方，如龍環葡韻、大炮台附近，也可以找到用石塊砌成的石路，這也是澳門街道的特色之一。

1.3 碎石路是澳門的特色之一／**2** 在議事亭前地一帶，可以看到這種富有歐式風情的葡國石路

柑香茶

柑香茶在澳門的超市很容易找到

「陽光」是盒裝飲品的一個大品牌，它的檸檬茶、蜜瓜豆奶等在香港和澳門都能買到，但當中有一款飲料是在香港少有的，那就是柑香茶。它帶著柑橘的香味，絲絲清甜，非常解渴可口，大家在超市見到時可以買來試試！

香蕉糕

　　雞蛋仔和夾餅都是港澳的常見街頭小吃，但當中有一款是香港沒有的，那就是香蕉糕，那是用麵粉漿製成香蕉形狀，再加入香蕉油，吃的時候，口裡會充滿香蕉的香味！在一些售賣雞蛋仔和夾餅的小攤可以買到。

這種小吃不僅有香蕉形狀，嘗起來也有香蕉味道

特色汽水廣告

　　在澳門能找到一些有趣的汽水廣告，特別之處是它並不是用常用的廣告板，而是把汽水用混凝土製成一個比人還要高的大模型！這種汽水模型可說是澳門的特色之一，過去在許多地方都能找到，現在仍可以在氹仔地堡街青洲灶記咖啡前的空地見到，汽水的粉絲不妨找找它們的身影，和它們來一張合照！

這種復古的汽水廣告，是澳門有趣的特色

豬扒包

　　豬扒包並不是澳門獨有，在香港也能找到，那為何澳門的豬扒包會特別著名呢？那是因為，澳門的小吃店都採用了一種名為「葡式豬仔包」的特色麵包作為食材。這種豬仔包經過焗烤後，外脆內軟，口感特好，再配合醃得入味的豬排，就是非常美味誘人的豬扒包了！用葡式豬仔包製作豬扒包是澳門的特色，在香港並不多見呢！

香脆的豬仔包夾上美味豬排，就是好吃的豬扒包了

精典秀&酒店設施

澳門很多酒店都有其獨特的秀及遊樂設施，為酒店增添了不少娛樂元素，所以澳門的很多間特色酒店，早已成為了旅程中必去的景點！

水舞間

✉ 新濠天地
💲 分VIP、A、B、C四區，見下方說明
🌐 www.thehouseofdancingwater.com

說起旅客來澳門必看的酒店秀，絕對不能不提水舞間！水舞間是新濠天地的招牌節目，也是許多遊人來澳的指定娛樂，結合了高難度特技、優美舞蹈、華麗燈火、震撼音響，以水為主題的大型綜合表演，表演時間分為17:00及20:00兩場，表演時間為90分鐘。

故事結合了現實與魔幻，以澳門的離島——路環作為開端的場景。一位漁夫原本在路環過著純樸的生活，卻突然被一股神祕力量帶進魔幻世界，在那裡他結識了一位陌生的小伙子，這位年輕人與公主相愛，但這對戀人卻被邪惡的皇后拆散，漁夫與小伙子一起鼓起勇氣，戰勝邪惡，救出公主。

故事的情節看似老生常談的童話故事，可是其精采之處卻是在於在這故事的框架裡，配合的各種高難度表演與特效。表演場地是一個270度的劇場，在每個角度都可以以絕佳的視野欣賞到精采的表演。如果預算足夠的話，建議購買貴賓席的座位，可以從最好的角度感受一場感官的盛宴。

水舞間包括了多個高難度表演，給觀眾絕佳的視覺享受
(圖片提供／新濠天地)

座位區域特色

A區

票價：成人港幣980元，兒童港幣686元，澳門居民及學生港幣882元。

分析：適合預算足夠的遊人，可以綜觀整個場地的壯麗景色，視野一流。

B區

票價：成人港幣780元，兒童港幣546元，澳門居民及學生、長者港幣702元。

分析：適合預算較多的遊人，可以站起來跟演員近距離接觸。

C區

票價：成人港幣580元，兒童港幣406元，澳門居民及學生、長者港幣522元。

分析：適合預算有限的遊人，可以從特殊的角度欣賞表演，演員的一舉一動都可以放大欣賞。

VIP區

票價：港幣1,480元。

分析：適合預算充裕的遊人，角度和視野都是全場最好的，數量有限。

蝙蝠俠夜神飛馳

💲 成人澳門幣150元、兒童澳門幣120元，澳門居民及長者澳門幣125元

🌐 www.studiocity-macau.com/tc(點擊「璀璨娛樂」，再點擊「魅力亮點」可找到更多詳情)

🔞 身高100公分以上方可進場

新濠影滙為大家呈獻的另一重頭節目，是全球首個以蝙蝠俠為主題的4D多媒體飛行體驗，很適合親子一起參與！在這緊張刺激的飛馳裡，你的感官將會接受極限的挑戰和衝擊，大家一起跟隨著蝙蝠俠，在高樓大廈林立，像是真實一樣的電影世界中飛馳，經歷各種冒險，體驗各個經典場面，和壞人對抗鬥法！你將會成為蝙蝠俠的夥伴，和他一起出生入死，勇闖重重險境，在槍林彈雨下，利用智慧與勇氣，把眾多經典反派——破壞王小丑、雙面人及班恩擊倒，警惡懲奸！整個過程在高樓大廈左穿右插，驚險刺激，考驗你的膽量與智慧！

1 紀念品店還可以買到蝙蝠俠系列的相關商品／**2** 一起跟隨蝙蝠俠進入迷幻世界吧

1 富貴龍氣勢萬千／**2** 吉祥樹熠熠生輝

富貴龍及吉祥樹

✉ 永利澳門酒店

💲 免費

http www.wynnmacau.com/tc/shows/dragon-
of-fortune

每半個小時會在永利澳門酒店內上

演，配合燈光與音響，藏在地底下的吉祥樹或富貴龍會輪流出現，富貴龍出現時會有煙霧效果，在煙霧中觀眾會深深感受到「神龍見首不見尾」，而吉祥樹出現時，屋頂的大型吊燈會徐徐降下，氣勢萬千，大家都紛紛向吉祥樹擲下硬幣，祈求得到好運。

表演湖及纜車

✉ 永利皇宮

💲 免費

http www.wynnpalace.com/tc(娛樂→觀光
覽車、表演湖)

在永利皇宮酒店前，是一個廣闊的湖，這裡就是酒店的表演湖，每到特定時間，表演湖便會將曼妙音樂與水柱舞動結合，更可以坐著免費的纜車觀賞表演呢！景觀真的很讚！

坐上免費纜車，看著底下的表演湖及景色，也是十足享受(©林孟儒)

1 大型的水族箱引人注目／2 齊來觀賞尤如龍宮的水底世界(©林孟儒)

天幕廣場水世界

✉ 美高梅金殿

$ 免費

http www.mgm.mo(選擇「繁體中文」→精
彩盛事→水族館)

當進入美高梅金殿時，大家會感覺尤
如置身夢幻的龍宮一樣，在天幕廣場的
中間，放著一個幾層樓高的水族箱，可
愛的魚兒在裡面游來游去。你可以坐在
廣場的咖啡廊，一邊品嘗美食，一邊感
受廣場濃厚旳歐洲風情，欣賞色彩繽紛
的美麗魚兒，真的非常悠閒寫意！

艾菲爾鐵塔燈光表演

✉ 澳門巴黎人

$ 免費

http hk.parisianmacao.com

艾菲爾鐵塔是巴黎人最重要的地標，
除了可以在白天上塔，居高臨下，觀賞
路氹城區的壯闊景色外，還可以在晚上
欣賞燈光表演。這個仿制巴黎鐵塔的美
麗建築，就如真正的艾菲爾鐵塔一樣，

每到晚上，都會
閃爍著璀璨的光
芒，鐵塔就像披
上了一套五光十
色的衣裳般，在
夜幕下分外地
迷人。

1 夜幕下的艾菲
爾鐵塔分外迷人
(©林孟儒)／2 以
巴黎艾菲爾鐵塔
為原型，打造等
比縮小一半比例
設計的澳門艾菲
爾鐵塔

（©林云瀚）

Route 1
大三巴
世界遺產之旅

路 線 特 色

　　這條可說是澳門遊最精華，非走不可的路線，如果你來澳門的時間有限，挑選這條路線便對了！因為它包含了數個澳門最具代表性的景點，走的也是澳門最熱鬧、最受旅客歡迎的區域。走過這條路線後，你真的可以跟你的朋友說：我已去過澳門了！

　　以參觀歷史古蹟、認識澳門為主，配合伴手禮及時裝購物。景點都是澳門的重要地標。由於這幾個景點都在同一區域，交通以步行為主。

適合的遊人

❶第一次來澳門的人。
❷時間有限，想直接了解澳門精華的人。
❸喜歡購物的人。

適合年齡層

以觀光購物為主，較適合成年人。

玩樂祕技

■ **交通：**只坐來回兩次巴士，來回酒店及景點，若購買澳門通，兩次的巴士加起來只需澳門幣6元。
■ **玩樂：**除了澳門博物館外，其他景點都不收門票，任玩任逛。
■ **飲食：**道地平民美食為主，午餐在營地大街的美食中心。晚餐是價錢合理，且具當地特色的勝利茶餐廳。
■ **購物：**議事亭前地很多時裝店都有折扣，更設有特賣場。服裝可以去營地街市的攤位購買，不難找到物美價廉的心頭好呢！

遊玩散策

這條路線以大三巴一帶的文化遺產為主,景點包括大三巴牌坊、戀愛巷、哪吒廟、澳門博物館、大炮台、盧家大屋、主教座堂、仁慈堂、營地街市、玫瑰堂、三街會館、議事亭前地及民政總署。

START !

08:00～09:00
世記咖啡　10分鐘

09:10～09:30
大三巴牌坊　10分鐘

09:40～11:00
澳門博物館及大炮台　5分鐘

11:05～11:20
哪吒廟及戀愛巷　5分鐘

11:25～12:00
大三巴伴手禮大街　10分鐘

12:10～13:10
營地街市美食中心　5分鐘

13:15～13:30
三街會館　5分鐘

13:35～14:15
仁慈堂及民政總署　5分鐘

14:20～15:20
主教座堂及盧家大屋　5分鐘

15:25～16:00
玫瑰堂及聖物寶庫　5分鐘

16:05～18:00
議事亭前地　5分鐘

18:05～19:30
勝利茶餐室

(©林孟儒)

25

早餐：世記咖啡

✉ 新馬路賣草地里7-15號長信大廈地下 ☎
(853)6377 9664 ⏰11:00～19:00 ➡️2、3A、
3X、5、7、10、10A、11、18、21A、26A、33
巴士，新馬路/大豐站下車，步行約10分鐘；或
3、4、6A、8A、18A、19、26A、33巴士，新馬
路/永亨站下車，步行10分鐘 🗺️P.202

世記咖啡是一間歷史悠久的食店，本店在崗頂，在賣草地的這間外賣店，除了提供本店最著名的炭烤多士(吐司)、樽仔奶茶等美食外，更有分店獨家的奶油多士方塊。

推薦美食

奶油多士方塊

多士意指吐司，濃濃的奶油香，配合脆脆的麵包，砌成方塊狀，十分好吃！

炭燒多士

世記的招牌美食，店家堅持用最傳統的炭爐烘吐司，在澳門已很少有了，用炭爐烘出來的吐司分外酥脆，絕對值得一試！

樽仔奶茶

澳門最具代表性的飲品，很多澳門人都愛喝奶茶，世記的樽仔奶茶又香又滑，令人留下深刻印象。

世記咖啡隱沒於巷子之中，但人氣卻很高

其他早餐推薦

金馬輪咖啡

有好吃又價錢合理的豬扒包，位於營地大街，距離大三巴很近。

✉ 營地大街50號地下 ☎ (853)2857 2385 🕐 07:00～18:30 ➡ 同世記咖啡 MAP P.202

金馬輪的豬扒包大受歡迎，時常看到店前排著長長人龍

女媧廟前腸粉小攤、生滾粥小攤

腸粉又軟又滑，配合用料十足的燒賣，加些甜醬、麻醬或辣醬享用，就是一頓道地的澳門早餐了！除了腸粉外，旁邊的生滾粥小攤也很有水準，提供多款廣東粥，也是很好吃又便宜的早餐選擇。

✉ 女媧廟前地 🕐 早上 ➡ 同世記咖啡 MAP P.202

女媧廟前有腸粉和生滾廣東粥，價格經濟又實惠

前往方法

1 下巴士後往右走，到達民政總署前的斑馬線，過馬路會見到一個噴水池，這裡就是議事亭前地，穿過議事亭前地，直至走到CITY CHAIN，會有分岔路口。

2 選擇左邊的分岔路，一直走。直至走到ETUDE HOUSE，旁邊有條小巷，進入小巷，走到盡頭，便是世記咖啡外賣店了。

Spot 2
大三巴牌坊

✉大三巴牌坊 ◐全日開放 $免費 ➡上2、3、3A、3X、5、7、10、10A、11、18、21A、26A、33巴士，新馬路/大豐站下車，步行約10分鐘；或3、4、6A、18A、19、26A、33巴士，在新馬路/永亨站下車，步行約10分鐘 MAPP.201、202

玩家帶路這樣說

吃完早餐後，先到大三巴牌坊逛逛吧！由於行人專用區的店鋪沒那麼早營業，且早上時段來大三巴人潮會較少，先看景點，並將購物行程放到最後，就不用大包小包地帶著到處走了。

　　這座看似中國式牌坊的建築，原身其實是聖保祿大教堂，經過了1835年發生的火災後，教堂的大部分建築都被大火吞噬了，就只餘下這門壁屹立不倒，因為外表看似中式的牌坊，大家都稱它為「大三巴牌坊」。它可說是澳門最具代表性的建築物，不來這裡看看，就等於沒來過澳門呢！

　　牌坊的建築風格十分特別，揉合了文藝復興和東方設計的風格，可說是澳門中西文化交融的最佳見證。

　　每一層都有精緻的雕刻和銅像，包括最高一層的銅鴿和日月星辰，第二層的天使浮雕，第三層的聖母升天雕刻，第四層的玫瑰花及棕櫚樹，以及第五層寫上「MATER DEI」(意思為天主之母)的門牌，每一層都經過精雕細琢，非常有觀賞價值。

大三巴牌坊是澳門最具代表性的地標，無論何時，都是人潮如鯽

順遊
推薦

天主教藝術博物館及墓室

🕐09:00～18:00　💲免費

　　大三巴牌坊後還有一間天主教藝術博物館及墓室，展示了天主教的藝術珍品及一些教士的骸骨，如有時間不妨也去看看！

天主教藝術博物館及墓室

◀▼▶博物館收藏著很多珍貴的藝術展品(©林孟儒)

天主教藝術博物館
MUSEU DE ARTE SACRA
MUSEUM OF SACRED ART

▲進入大三巴牌坊一直往前走，就會看到博物館了

前往方法

1 從世記咖啡的小巷走出來，接著向左轉一直走，經過女媧廟，再繼續直走。

2 會見到很多賣伴手禮的店，證明沒走錯！沿著此街直走到盡頭，便會見到大三巴牌坊！

澳門博物館及大炮台

大炮台的火炮英姿勃勃

📧 博物館前地112號　📞 (853)2835 7911　◉ 博物館：10:00～18:00 (最後入場時間為17:30)，週一休館；**大炮台**：07:00～19:00　💲 博物館：成人澳門幣15元、5～10歲兒童、學生及60歲以上長者澳門幣8元，每月15日免費開放；**大炮台**：免費　➡ 2、3A、3X、5、7、10、10A、11、18、21A、26A、33巴士，新馬路/大豐站下車，步行約5分鐘；或3、4、6A、8A、18A、19、26A、33巴士，新馬路/永亨站下車，步行約10分鐘　http 博物館：www.macaumuseum.gov.mo　❓因為澳門博物館的電梯不在博物館內，即使不進博物館，也可以使用它直達大炮台　MAP P.201、202

澳門博物館是澳門規模最大的博物館，在1998年建成，透過3,000多件展品，從多個角度向遊人介紹澳門的歷史、文化、風俗、居民日常生活等，展品既豐富又生動，一向大受遊客歡迎。

澳門博物館有幾個展品是很有趣的，筆者個人對澳門的古老行業展品分外印象深刻，只要按下按鈕，就能聽到不同小販的叫賣聲，十分有趣！這裡還呈現了一些特別的場景，如古時結婚的新

澳門博物館的布置，令人猶如走進澳門的大街小巷之中

1.澳門博物館展示的澳葡式建築／2.大炮台的大炮雖已不能再用作防衛，但卻仍在默默守護著每個澳門人

房、土生葡人的飯廳(桌上都是土生葡人最愛吃的，且賣相誘人的美食)、澳門以前的店鋪，如香鋪、藥店等等的場景，都非常逼真。

逛完博物館後，便可到達大炮台，這裡是從前澳門防禦敵人的堡壘，現在仍保留著多根大炮及地下室，在這裡可以高居臨下，飽覽澳門美麗的風景。

玩家帶路這樣說

逛完大三巴，可以順道逛逛澳門博物館，這裡用很生動的方式為大家介紹澳門的民生和歷史，如想更深入了解澳門，不能錯過此景點喔！

前往方法

1 在大三巴的對面有處山坡，這裡有指示牌，左邊是澳門博物館，右邊是大炮台，無論你是前往哪一個，都請向左邊走，因為那兒有扶手電梯。沿著電動扶梯直上，可到達博物館或大炮台。(注意：博物館休息日為週一，電梯不會開放)

2 沿著電梯直上可達這樓層，右邊是澳門博物館，左邊是前往大炮台的電梯。

3 沿著博物館的遊覽路線走，走到頂樓，一出門口便是大炮台了。若不參觀博物館，也可免費使用博物館的扶手電梯到達大炮台。

哪吒廟是一座小巧的廟宇

哪吒廟

✉大三巴斜巷6號(大三巴牌坊側) 🕐08:00～17:00
💲免費 ➡2、3A、3X、5、7、10、10A、11、18、21A、26A、33巴士，新馬路/大豐站下車，步行約15分鐘；或3、4、6A、8A、18A、19、26A、33巴士，新馬路/永亨站下車，步行約15分鐘 ℹ️澳門有兩間哪吒廟，一間在大三巴後面，一間在大炮台附近，以大三巴的那間較有看頭，不要去錯地方喔 MAP P.201、202

　　大家都說澳門是中西文化融合的地方，就在大三巴牌坊旁，有一座傳統的中國小寺廟，正是澳門宗教並存，互相尊重的最佳見證。這間小小的寺廟，供奉的是神話裡的哪吒，跟大三巴牌坊一樣，都是世界文化遺產。在1888年建造，當年瘟疫為患，為了驅除疫症，便建立了這間寺廟。

　　哪吒廟的建築風格跟一般中國廟宇十分不同，中間沒有天井，廟外是一道舊城牆，古樸莊嚴。廟與大三巴牌坊一中一西，互相輝映，一起攝進鏡頭內，會是一幅充分代表了宗教和文化共融的畫面。

前往方法

大三巴左邊有條小路，直走即達。

哪吒廟

從大三巴左側進去

戀愛巷

✉戀愛巷(大三巴牌坊及哪吒廟附近) 🕐全天開放
💲免費 ➡2、3A、3X、5、7、10、10A、11、18、21A、26A、33巴士，新馬路/大豐站下車，步行約15分鐘；或3、4、6A、8A、18A、19、26A、33巴士，新馬路/永亨站下車，步行約15分鐘 MAP P.202

　　參觀了哪吒廟，也得一遊附近的戀愛巷啦！別小看這條小小的短巷子，它可是澳門的人氣景點呢！這條名字充滿浪漫的小巷，原本是指耶穌為人類受難的愛，而非男女之情，但許多人現在都已把它視作愛情象徵了！這裡有數座美麗古典的建築，還曾是電影《伊莎貝拉》的拍攝場景呢！別具情調的懷舊街燈，在這裡拍照，充滿了浪漫典雅的情懷，感覺像置身在浪漫的南歐一樣。

　　另外，在戀愛巷有一座電影館，主要介紹澳門的電影特色和文化，有時間可以進去看看。

1. 戀愛巷是條雅致又充滿浪漫的小巷(◎林孟儒)／**2.**小巷裡有一間電影介紹館，介紹澳門的電影發展，可以順道一遊

前往方法

1 走出哪吒廟後，沿下坡路直下。

2 在箭頭標示的地方轉進去，便是戀愛巷了。

Spot 6 大三巴伴手禮大街

✉ 大三巴街 ● 10:00～20:00 (各店的營業時間不同) ➡ 2、3A、3X、5、7、10、10A、11、18、21A、26A、33巴士，新馬路/大豐站下車，步行約15分鐘；或3、4、6A、8A、18A、19、26A、33巴士，新馬路/永亨站下車，步行約15分鐘 MAP P.202

這條短短的街道，是澳門人流最多的，任何時候前來都是熙來攘往、摩肩接踵，這裡雲集了數間知名的伴手禮店──鉅記、咀香園、英記等等，很多伴手禮店都會提供免費試吃，尤其是鉅記餅家，試吃的品項很多。大家不妨慢慢逛，貨比三家，挑選最喜歡的伴手禮。

玩家帶路這樣說

去完戀愛巷後，回到大三巴伴手禮街最順路。為免提著重重的戰利品遊玩，建議先試吃、比比價，記下想買的東西，待當天行程尾聲再去購買。

前往方法

沿戀愛巷直下，回到大街，左轉，便是伴手禮街了。

前往伴手禮大街／前往白鶴巢公園

Spot 7

午飯：營地街市美食中心

✉ 米糙巷營地街市市政綜合大樓3樓 🕐 07:30～18:00 ➡ 2、3A、3X、5、7、10、10A、11、18、21A、26A、33巴士，新馬路/大豐站下車，步行約5分鐘；或3、4、6A、8A、18A、19、26A、33巴士，新馬路/永亨站下車，步行約5分鐘 MAP P.202

逛了一個早上，雙腿已累了，肚子也餓了，是時候吃飯充充電！這個美食中心集合了數間物美價廉的食店，是很受本地人歡迎的用餐地點，當中不乏一些有名店家，像平記、勝記、珍記等等，還有火鍋、麵食、三明治等等，食物種類琳瑯滿目。

營地街市綜合大樓內集結了許多間平價好吃的小吃店(©林孟儒)

平記美食

最著名的是煲仔飯，用瓦煲作為煮食工具，把飯煮熟，再加上各種配料，如臘味、咸魚肉餅、窩蛋牛肉等，用料十足，火候剛好，米飯飽滿，醬油美味，

配合起來發出陣陣誘人香氣，在寒冬吃格外有風味。也可以選擇平記的乾炒牛河(即是牛肉炒河粉)，也是非常有水準的道地美食！

✉ 營地街市3樓美食中心 📞 07:30～18:00 MAP P.202

1.平記有兩個攤檔，一個提供煲仔飯，另一個提供廣東小炒／**2.**平記煲仔飯熱騰騰香噴噴，教人難以抗拒

勝記咖啡

來到營地街市，大家一定要試試勝記的咖啡！咖啡是用瓦煲沖製的，現在在澳門已經很難找到了。

📧營地街市3樓美食中心 📞07:30～18:00 MAP P.202

1.2.勝記咖啡以瓦煲沖製，風味十足，咖啡好喝、價錢也公道，值得喝一杯

前往方法

1 沿著伴手禮街一直走，途中會經過玫瑰堂，玫瑰堂前有分岔路口，右轉，便看到營地街市了，義順牛奶也在這附近。

前往營地街市
前往民政總署

2 箭頭所示的建築便是營地街市。

營地街市

其他午餐選擇

黃枝記

人氣很高的店鋪，以竹升麵聞名，但部分餐點的價錢有點高，適合預算較多的遊人。

黃枝記是澳門的老字號竹升麵店

📧議事亭前地17號 📞(853)2833 1313 ⏰08:30～23:00 ➡同營地街市美食中心 MAP P.202

餃餃鎮

以吃各式餃子為主，配合米線和麵來吃，分量很足，但也不便宜，約澳門幣20～30元1碗。

餃餃鎮店如其名，提供各式特色餃子

📧板樟堂仁安里5A(國華戲院旁的小巷裡) 📞(853)2835 6633 ⏰12:00～22:00 ➡2、2A、5、7、7A、8、9、12、16、22、25、25B巴士，水坑尾站下車，步行約5分鐘；或2A、7A、8、8A、9、9A、12、18、22、25號巴士，水坑尾/公共行政中心大樓下車，步行約5分鐘 MAP P.202

大堂街炸雞

在澳門口碑很好的炸雞店，雞肉炸得又香又脆，再加上一杯涼茶，味道絕配，一個套餐的價錢約澳門幣三十多元，足以吃飽。

📧大堂街14號A、B鋪地下 📞(853)2833 8112 ⏰11:00～21:00 ➡同營地街市美食中心 MAP P.202

1.三街會館集合廟宇和會議廳於一身／**2.**醉龍節是澳門鮮魚行獨有的一項民間傳統活動

Spot 8 三街會館

✉公局新市南街 🕐08:00〜18:00 ➡2、3A、3X、5、7、10、10A、11、18、21A、26A、33巴士，新馬路/大豐站下車，步行約3分鐘；或3、4、6A、8A、18A、19、26A、33巴士，新馬路/永亨站下車，步行約5分鐘 MAP P.201、202

這座建築物既是廟宇，也是人們聚集會議的地方。以前這地區的商人需要議事時，都會到這裡開會，功能就像現在的會議廳一樣。後來因為供奉關帝，宗教的功能漸漸大於議事功能，成為了今天的關帝廟。

三街會館就像普通的寺廟，對多數人而言未必有趣，但在農曆四月初八(浴佛節)，這裡可熱鬧了！每年鮮魚總會都會在這裡舉行派龍船頭飯及舞醉龍表演，其中後者是澳門的文化精髓，舞龍的人會特意喝醉，一邊舞龍，一邊呈現醺醺的醉態，還不時會口裡噴酒。

前往方法

從營地街市走出來，一出門口便是(就是在前往營地街市的那條路上)，三街會館就在營地街市後門的對面。

Spot **9** 仁慈堂及博物館

✉️ 議事亭前地　🕐 博物館：10:00～13:00，14:00～17:30，週日及公眾假期休館　💲 博物館：澳門幣5元，學生及65歲以上長者免費　➡️ 2、3A、3X、5、7、10、10A、11、18、21A、26A、33巴士，新馬路/大豐站下車，步行約5分鐘；或3、4、6A、8A、18A、19、26A、33巴士，新馬路/永亨站下車，步行約3分鐘　http www.scmm.mo　MAP P.201、202

仁慈堂建於1569年，當時用來處理慈善救濟的業務，現內部為辦公場所，遊人主要以外觀拍照為主。仁慈堂的內部看點不多，反而外觀一片雪白，典雅美麗，而且線條優美，絕對是拍照的好地方。它的旁邊還有一條小巷，短小精緻，也可以去拍照呢！

而位於仁慈堂2樓的博物館，主要展示仁慈堂的歷史文物，以及天主教教會祭器用品，還有創始人賈尼路主教的畫像、頭顱遺骨及當年陪葬的十字架。

1. 仁慈堂建築雪白典雅／**2.** 博物館內展示賈尼路主教的畫像，畫像下還有其頭顱遺骨(©林孟儒)

玩家帶路這樣說

仁慈堂門口有一個小攤檔，是鼎鼎大名的潘榮記金錢餅，也可以買來試試！

前往方法

1 離開三街會館後，沿著這條路走，路上有很多小販擺攤。

2 到達議事亭前地，右方是仁慈堂，左方是旅遊資訊中心。

旅遊資訊中心　　仁慈堂

民政總署大樓

✉新馬路163號 🕘09:00～21:00，公眾假日照常
開放 💲免費 ➡2、3A、3X、5、7、10、10A、
11、18、21A、26A、33巴士，新馬路/大豐站
下車，步行約5分鐘；或3、4、6A、8A、18A、
19、26A、33巴士，新馬路/永亨站下車，步行約
3分鐘 http www.iacm.gov.mo MAP P.201、202

1.整座建築充滿了濃厚的歐陸風情(©林孟儒)／**2.**民
政總署的小花園充滿歐式風情，在小花園歇息一
下，身心舒暢／**3.**民政總署內的看到的藍白花紋磁
磚，是典型的葡萄牙磁磚(©林孟儒)

　　於1784年建成，在澳葡時代時，這裡
是市政廳，回歸後成為民政總署辦公地
點，但內部的花園、圖書館等仍然對
外開放，整座建築充滿了濃厚的歐陸風
情，是繼大三巴牌坊外，澳門的另一重
要地標。

　　民政總署擁有一座非常美麗的歐陸式
花園，很多遊人都喜歡在這裡休息和拍
照。從花園旁的樓梯直上，可到達全
澳門最古色古香的圖書館，即使不愛閱
讀，進去參觀一下，感受那充滿文藝典
雅的氣氛也很不錯！

　　每年的新年、聖誕、中秋等重要節
日，民政總署都會有特別的布置，在璀
璨繽紛的燈光映照下，晚上來可看到這
座建築物迷人的另一面！

前往方法

從仁慈堂出來，經過噴水池，再過馬
路，民政總署就在噴水池對面。

Spot ⓫ 主教座堂

✉ 大堂前地1號　🕐 07:30～18:30　💲 免費　➡ 2、3A、3X、5、7、10、10A、11、18、21A、26A、33巴士，新馬路/大豐站下車，步行約15分鐘；或3、4、6A、8A、18A、19、26A、33巴士，新馬路/永亨站下車，步行約15分鐘　🌐 www.wh.mo/cn/site/detail/15　🗺 P.201、202

　　澳門有不少教堂，其中這是最重要的一間，於1622年建造，屢次被颱風損毀，幾經重建後成為今天的樣子。設計

主教座堂是澳門最重要的教堂，教堂對面是一個充滿歐洲風情的美麗小廣場

玩家帶路這樣說

當教堂有彌撒進行時，為了表示對宗教的尊重，請大家不要打擾。另外，教堂右邊的主教府，還有對面的廣場都很有歐陸風情，也是拍照的好地方呢！

簡潔莊嚴，充滿肅穆祥和的氣氛。

　　雖然比起歐洲很多教堂，主教座堂不算非常華麗，但這樸素且典雅的色彩，也是其獨特風格。每逢聖誕節，這裡會舉辦子夜彌撒和報佳音活動，可以到感受濃厚的宗教氣氛！

前往方法

1 從民政總署出來後，過馬路，向郵政總局方向一直走。

郵政總局

2 經過郵政總局後，見到一道石級，沿石級直上。

3 沿著此路走，盡頭便是主教座堂。

主教座堂

盧家大屋

✉ 大堂巷7號　🕙 10:00～18:00(17:30後停止入場)
💲 免費　➡ 同主教座堂　http zh.macaotourism.gov.
mo (觀光→澳門世界遺產→盧家大屋)　MAP P.201、
202

1899年建成，位於大堂巷7號，為著名商人盧華紹(即盧九)的舊居，是一座宏偉而典雅的大宅。裝潢結合了中西風格，磚雕和蠔殼牆、入口、天井等部分都是廣東傳統的風格，而窗戶則採用了葡式百葉窗，假天花設計等，充滿了西方建築特色。

盧家大屋也是除了鄭家大屋外，澳門的另一座充分體現東西方文化交流，承襲了雙方的建築設計精髓的大宅！

1.大廳氣派十足，窗格子設計成「富貴榮華」的字樣，可見盧家過往的繁華／**2.**大屋內處處可見的蠔殼窗(©林孟儒)

玩家帶路這樣說

盧家大屋門外的那條小路有多間小吃店，包括檸檬車露的冰淇淋，恆友的咖哩魚蛋等，不妨一試。

檸檬車露是一間十分著名的義式冰淇淋店，冰淇淋用料實在，深受遊人歡迎

前往方法

在主教座堂前廣場的右邊有下坡路，沿這條路下去。在下坡路的一半，會看到一間賣冰淇淋的店，再往前走不久便是盧家大屋了。

Spot 13

玫瑰堂

✉板樟堂巷板樟堂前地 🕐10:00～18:00 💲免
費 ➡2、3A、3X、5、7、10、10A、11、18、
21A、26A、33巴士，新馬路/大豐站下車，步行
約5分鐘；或3、4、6A、8A、18A、19、26A、
33巴士，新馬路/永亨站下車，步行約5分鐘 http
zh.macaotourism.gov.mo (觀光→教堂→玫瑰堂)
MAP P.201、202

　　1587年建成，創建初期因為經費有
限，是用木板建成的，因此中國人都叫
它「板樟堂」或「板樟廟」。又因為教
堂內主要供奉玫瑰聖母，因此教堂又稱
為「玫瑰堂」。

　　玫瑰堂於2005年被列入世界文化遺
產，教堂以淺黃色為主調，配合綠色的
門窗，充滿了柔和典雅的美感。祭壇採
用了巴洛克式風格設計，配合愛奧尼及
科林斯式柱，色彩繽紛的玻璃窗，用象
牙雕成的聖像，整間教堂莊嚴瑰麗。

　　而此地也是每年5月13日的花地瑪聖
母大型巡遊的起始點，有興趣者不妨到
此參觀遊行隊伍。

前往聖庫寶物

1. 教堂旁邊的小門，可以進入聖物寶庫參觀／**2.** 玫
瑰堂莊嚴肅穆，黃色的外觀，加上美麗的門窗及優
美的線條，構成典雅迷人的教堂

從玫瑰堂可以通往附設的聖物寶庫，裡面展出三百多件的澳門教區文物，對於天主教聖物有興趣的朋友，可以前往參觀。

在聖物寶庫裡，可以找到很多天主教的珍貴聖物(© 林孟儒)

前往方法

沿著盧家大屋的下坡路直走，在這路口，可以前往大三巴及玫瑰堂。

1 前往大三巴牌坊

前往玫瑰堂、議事亭前地

Spot 14 議事亭前地

✉ 議事亭前地 ➡ 2、3A、3X、5、7、10、10A、11、18、21A、26A、33巴士，新馬路/大豐站下車，步行約3分鐘；或3、4、6A、8A、18A、19、26A、33巴士，新馬路/永亨站下車，步行約5分鐘 MAP P.201、202

前往方法

走出玫瑰堂，就是議事亭前地的行人步行街了。

這裡集合了多間時裝店及化妝品店，很多都會定時提供折扣，有些更設有特賣場，可以撿到價廉質優的貨品！想買更便宜的貨品，可以到營地街市周邊的小販區看看，雖沒有時裝店時尚，但品質和款式也不錯，還有其他生活必需品。要購買零食飲料，也可以到營地街市旁，位於金馬輪對面的新苗超市。最後，再到伴手禮街，把清單買齊，滿載而歸！

議事亭前地商店林立，是澳門最熱鬧的地區

晚餐：勝利茶餐室

Spot 15

✉️ 營地大街94號　📞(853)2857 3745　🕐07:30～
22:00　🚌2、3A、3X、5、7、10、10A、11、
18、21A、26A、33巴士，新馬路/大豐站下車，
步行約3分鐘；或3、4、6A、8A、18A、19、
26A、33巴士，新馬路/永亨站下車，步行約5分
鐘 **MAP**P.202

用餐時經常大排長龍，建議預留輪候時間

勝利茶餐室是很受遊人和本地人歡迎
的食店，提供西式餐點為主，餐室的食
物很有水準，價錢屬於中位，推薦焗骨
飯與豬扒包。焗骨飯就是焗豬排飯，勝
利的焗骨飯火候控制得剛剛好，豬排肉
質鮮美，再加上焗飯，充滿滋味。而豬
扒包的豬扒醃得入味，麵包酥脆新鮮，
也相當有水準！

前往方法 ➤

走回前往營地街市的路，經過了營地街
市後直走至盡頭往左轉，勝利茶餐室便
在不遠處。

直走至盡頭左轉

其他晚餐選擇

南記煲仔飯

南記煲仔飯是使用炭火去
煮的，因此白飯還會有
淡淡的炭火香氣。價錢
合理，口味道地，人氣很
高，享用前再淋上店家的
獨門醬油，味道極好。不
過只在晚上才營業，且位
於小巷子裡，有點難找。

✉️草堆街橫巷6號地下 🕐18:00～
00:00 🚌18號巴士，草堆街站下
車，步行約5分鐘 **MAP**P.202

蕃茄屋美食

屬於較低價的葡國
餐廳，最著名的是
葡式咖哩崩砂牛腩
及阿里巴巴雞扒，
約澳門幣30～40元
一碟，位於小街道
內，位置也是比較不好找的。

蕃茄屋的葡式美食走大眾化路線，而
且款式也很創新

✉️連安後巷富安大廈4及6號(哪吒古廟旁)　📞(853)2836 2171
🕐11:30～22:00　🚌2、3A、3X、5、7、10、10A、11、18、
21A、26A、33巴士，新馬路/大豐站下車，步行約10分鐘；或
3、4、6A、8A、18A、19、26A、33巴士，新馬路/永亨站下
車，步行約10分鐘 **MAP**P.202

（©林孟儒）

Route 2
歷史城區
漫步之旅

📍 路　線　特　色

　　除了大三巴一帶外，澳門歷史城區的主要建築，都坐落於風順堂、崗頂及媽閣一帶，第一次來澳門，除了大三巴外，這裡也是必訪的！

　　此路線最大的特色，在於涵蓋了幾座澳門歷史城區的世界文化遺產，是豐富的人文景點，建築既有中式寺廟、揉合中西式建築風格的宅第，亦有巴洛克式教堂，及摩爾式的港務局大樓。若對文化建築及世界遺產有興趣，這條路線絕對不能錯過！另外，若你喜歡刺激，一定要參與旅遊塔的各項精采活動喔！

適合的遊人

❶ 第一次來澳門的人。
❷ 對建築及人文景點有興趣的人。
❸ 想欣賞世界文化遺產的人。

適合年齡層

以步行為主，適合體力較旺盛的成年人。

玩樂祕技

■ **交通：** 走路較多，務必注意體力，可選擇聖老楞佐教堂、亞婆井廣場等作為中途休息站。

■ **玩樂：** 如時間充裕，體力足夠，也可以加遊主教山，有美麗的小教堂，還可以一覽澳門的美麗景色。

■ **飲食：** 福隆新街有很多美食，記得留著肚子前來！

■ **購物：** 這一帶並非購物區，如想買生活雜貨可到下環街市，那裡有市場及超級市場，貨品價錢便宜。

遊玩散策

以崗頂、風順堂、媽閣一帶為主，景點包括：福隆新街、崗頂、聖老楞佐教堂、聖若瑟修院、鄭家大屋、港務局大樓、媽閣廟、澳門旅遊塔。

START !

08:30～09:30
成記粥品　5分鐘

09:35～10:00
福隆新街　10分鐘

10:10～10:45
崗頂前地　10分鐘

10:55～11:15
聖老楞佐堂　5分鐘

11:20～11:45
聖若瑟修院　5分鐘

11:50～12:50
新肥仔記　5分鐘

12:55～14:00
鄭家大屋　5分鐘

14:00～14:15
亞婆井前地　5分鐘

14:20～14:45
港務局大樓　15分鐘

15:00～16:00
媽閣廟　15分鐘

16:15～19:00
澳門旅遊塔＋晚餐

早餐：成記粥品

Spot 1

✉ 新馬路營地大街吳家圍 ☎ (853)6660 12958 ⏰ 07:30～13:00 ➡ 3、4、6A、18A、19、26A、33號巴士，新馬路/永亨站下車 MAP P.202、203

別小看這個小小的攤檔，在澳門的知名度可不小，老板的親切又健談，粥品綿滑又好吃。這裡的肉丸粥十分有水準，由於只在早上營業，來吃早餐最適合不過了。

成記是一個人情味很濃厚的小攤

玩家帶路這樣說

去完成記，前往福隆新街的路上，有一間葡式辣魚專門店(P.145)，有興趣的朋友可以看看！

前往方法

其他早餐選擇

合誠小食店

位於福隆新街的合誠小食店，最推薦的是他們分量足，用料豐富的魚片粥，鮮甜又口感綿密。此外，自家磨製的芝麻糊，也很值得一試！

合誠小食店最著名的便是粥品

✉ 福隆新街2號 ☎ (853)2855 9106 ⏰ 06:00～22:00 ➡ 3、4、6A、18A、19、26A、33號巴士，新馬路/永亨站下車；或2、3A、5、7、10、10A、11、21A巴士，金碧文娛中心站下車 MAP P.203

梁慶記粥品

梁慶記的魚粥十分著名

如果你喜歡魚粥，來到梁慶記一定不會令你失望，各式各樣用鮮魚烹調的粥品任你選擇，味道一點也不腥，反而充滿了陣陣鮮甜。

✉ 福隆新街21號地下 ☎ (853)2855 5893 ⏰ 07:00～18:00 ➡ 同合誠小食店 MAP P.203

1 下車後向工商銀行的方向走去，見到大豐銀行，左轉進去

2 成記就在OPTICAL88旁邊。

Spot 2

福隆新街

➡️3、4、6A、18A、19、26A、33號巴士,新馬路/永亨站下車;或2、3A、5、7、10、10A、11、21A巴士,金碧文娛中心站下車 MAP P.202、203

MAP P.202、203

前往方法

從成記出來右轉,一直往前走,直到見到鉅記餅家,即已到達福隆新街了。

福隆新街是澳門以前的花街,從前都是風月場所,繁華似錦,現在則變成了小吃店街,著名店家包括:添發碗仔翅、祥記麵家、老地方葡國小吃、保健牛奶、甜香園麥師傅甜品、佛笑樓餐廳、陶陶居酒家、合記花生糖、肥仔花生糖等。這裡的建築仍保留著昔日的色彩,朱紅色的窗門,典雅的一磚一瓦,充滿了古樸的粵式風情,這可是在澳門很少見的,大家記得拍照留念!街道上的新華大酒店是電影《伊沙貝拉》場景之一,粉絲別錯過!

因為所有門窗都是朱紅色,這一帶也被稱為「紅窗門」

玩家帶路這樣說

帶你找出福隆新街的各間小吃店。

祥記、保健牛奶、佛笑樓、甜香園

添發碗仔翅、梁慶記、合誠小食店、老地方葡式小吃

Spot 3
崗頂前地

崗頂前地是個小小的廣場

✉崗頂前地 ©全日開放 $免費 ➡3、4、6A、18A、19、26A、33號巴士,新馬路/永亨站下車;或2、3A、5、7、10、10A、11、21A巴士,金碧文娛中心站下車 MAP P.202、203

　　崗頂前地為澳門世界遺產的八大前地之一,在這一區有許多著名的建築物,例如:聖奧斯定教堂、崗頂劇院(又名伯多祿五世劇院)、聖若瑟修院、何東圖書館等等。

　　廣場的小石路,配上綠色的建築物,構成一幅美麗的圖畫,這個充滿南歐風情的小廣場,已成為很受遊人歡迎的拍照熱點。

前往方法

從福隆新街的上坡路直上,經過紅窗門街後,會發現另一條上坡路,再沿上坡路直上便是。

沿此路可到達崗頂前地

充滿南歐風情的小路

何東圖書館

📧 崗頂前地3號 🕐 週一〜六10:00〜19:00，週日
11:00〜19:00，公眾假期休息 💲免費 ➡同崗頂
前地 http www.wh.mo/cn/site/detail/9 MAP P.202、
203

何東圖書館建於1894年，幾經易手，
於1918年由香港富商何東爵士購入，作
為其別墅。何東爵士去世後，後人依
其遺囑，將大樓贈予澳門政府。爾後於
1958年，圖書館正式對外開放。這裡充
滿了書香情懷，享受一下在歐式建築中
悠閒看書的感覺。

何東圖書館是一座淺黃色為主的葡式建築

聖奧斯定教堂

📧 崗頂前地2號 🕐 10:00〜18:00(目前因教堂正在
維修，暫停開放) 💲免費 ➡同崗頂前地 http www.
wh.mo/cn/site/detail/10 MAP P.201

由西班牙奧斯定會修士在1591年創
建，是澳門古老的三大教堂之一，也是
當地第一所以英語傳道的教堂。正祭台
供奉苦難善耶穌聖像，每年四旬期的第
一個主日奉聖像出遊。

莊嚴的聖奧斯定教堂

崗頂劇院

📧 崗頂前地 🕐 10:00〜18:00 (週二休息) 💲免費
➡同崗頂前地 http www.wh.mo/cn/site/detail/8 MAP
P.202、203

建於1860年的崗頂劇院又名伯多祿五
世劇院，為中國第一棟的西式劇院，是
留澳的葡人為了紀念國王伯多祿五世而
建立，也是當時葡人主要的社交活動地
點。平時劇院不開放，但有時會開放給
表演者彩排，有幸可入內參觀。

典雅的崗頂劇院外形美麗，一定要在這裡拍照留念

教堂又名風順堂，有祈求「風調雨順」之意

Spot 4

聖老楞佐教堂

✉風順堂街 ☎(853)2857 3760 ⏰10:00～17:00
💲免費 ➡9、16、18、28B巴士，風順堂街站下車 🗺P.203

這教堂屬於文化遺產之一，也是澳門古老的三大教堂之一。四周是高級住宅區，而教堂本身亦非常漂亮。教堂外圍還有清幽的小花園，氣氛悠閒，居民很喜歡在此休息。淺黃色的建築，再配上優雅的樓梯，拍出來效果很好。走累了也可以在美麗的小花園休息一下。

前往方法

1 沿崗頂劇院旁的下坡路直下。

2 到達龍崇街，右轉再直走，經過了占西餅店及何開記後不久便到達。

何開記糕點
占西餅店

玩家帶路這樣說

途中經過的占西餅店的沙翁和何開記的甜腸粉都很著名，可以買來當作小點心。

何開記糕點與占西餅店相鄰

Spot 5 聖若瑟修院

✉三巴仔橫街 🕐10:00～17:00 (修院並不開放，只能參觀教堂) 💲免費 ➡9、16、18、28B巴士，風順堂街站下車 🗺P.202、203

這座美麗的修院曾獲得聯合國教科文組織亞太區文物古蹟保護獎，並被列入世界文化遺產名單之中。從1728年開始，經過耶穌會的努力經營，院舍慢慢落成。因為規模僅次於大三巴，所以別人都稱之為「三巴仔」。

教堂採用了巴洛克的建築風格，裝飾多采多姿，最具看頭的是兩組四枝腰纏金葉的旋柱，華麗典雅；而教堂前的石級亦為澳門少見(全澳只有3處地方有這種石階)。

前往方法

1 穿過聖老楞佐教堂的花園。

2 從後門出來，一直往下坡路走，聖若瑟修院就在右邊。

1. 聖若瑟修院有個暱稱為「澳門天主教的少林寺」，因為這邊曾培養出許多中國和東南亞各地教會的人才／**2.**教堂內巴洛克式設計的兩組四枝腰纏金葉的旋柱最具特色(©林孟儒)

Spot 6 午飯：新肥仔記咖啡美食

✉ 南灣風順堂街14號 ☎ (853)28973030 ⏰ 07:00～18:30 💲 免費 ➡ 9、16、18、28B巴士，風順堂街站下車 MAP P.203

前往方法

1 先從聖若瑟修院往回走，爬上上坡路，走回聖老楞佐教堂。

2 繞著聖老楞佐教堂走，新肥仔記就在慈幼中學附近。

學生與附近的上班族的最愛

新肥仔記是間很受附近學生歡迎的小吃店，招牌是咖喱與牛腩，他們的麵類十分好吃，分量也很足，價錢不貴，作為午餐最好不過了！

Spot 7 鄭家大屋

✉ 龍頭左巷10號 ☎ (853)2896 8820 ⏰ 10:00～18:00(17:30停止入場)，每週三公休 💲 免費 ➡ 9、16、18、28B巴士，風順堂街下車 🌐 www.wh.mo/mandarinhouse MAP P.201、203

這所壯觀的宅第是著名思想家鄭觀應的故居，與盧家大屋一樣，都是充滿嶺南特色的民宅。於1881年開始籌建，1894年，鄭觀應在裡完成了著作《盛世危言》。大宅採用四合院的設計，並揉合了中式和西式的建築風格。若細心留意，會發現大宅的建築格局和屋頂都充滿了東方色彩，而室內天花、門楣窗楣的式樣、檐口線和外牆批盪都表現著西方的古典建築風格。

後來屋權被收購，鄭家後人遷出後，

這裡曾經被多戶占據，房子也日久失修。最後由澳門政府收購了地權，在文化當局的努力修葺下再次對外開放，現已被列入澳門歷史城區。

1.門口的迴廊充滿傳統的中國色彩／**2.**鄭家大屋由多個不同風格的建築及開放空間所組成，占地4,000平方公尺，房間加起來超過60間，是門少見的家族式建築群

玩家帶路這樣說

如大家有時間又有腳力的話，可以再前往主教山玩，在這裡為大家介紹如何前往主教山。

1 經過慈幼中學，走至這個街口，向左轉。

2 直至走到牙醫診所，向上坡路走，走完幾條上坡路後，便是主教山了。

牙醫診所

前往方法

1 從新肥仔記出來，經過慈幼中學，右轉，再一直走。

2 直至經過海星中學，鄭家大屋就在海星中學隔鄰的小巷裡。

亞婆井前地

1. 在充滿葡國風情的小廣場休息，悠閒寫意／**2.** 井口已不復見，如今只能找到這個噴泉／**3.** 在亞婆井休息，感覺就像置身在南歐國度之中

Spot 8
亞婆井前地

✉ 鄭家大屋附近　➡ 9、16、18、28B巴士，風順堂街下車　🗺 P.201、203

　　這裡是葡人聚居的地方，所以四周都能找到充滿葡國風情的建築，而廣場本身洋溢著南歐的悠閒氣氛。雖說是亞婆井，但現在井口已封了，不過大家仍可找到井口的位置。

　　這裡的日夜會有截然不同的景色，夜幕低垂時，街道在古典的街燈映出淡黃色的燈光，寧靜的街道，古樸的石階，優雅的房子，完全是日間不能體會的另一種風情和畫面。

前往方法

從鄭家大屋出來回到大街，亞婆井前地就在對面。

Spot 9
港務局大樓

✉ 媽閣斜巷港務局大樓　🕐 全日可在參觀外圍，內部不對外開放　💲 免費　➡ 9、16、18、28B巴士，風順堂街下車　🗺 P.201、203

　　港務局大樓也是澳門歷史城區之一，和其他建築物最大的不同之處在於，澳門很多世遺建築都是採用西方或中國的傳統建築方式，但港務局大樓卻是在澳門很少見的摩爾式建築，無論是窗戶或是迴廊的設計，都帶著濃厚的摩爾色彩，整座建築物美麗優雅，雖然不能進入參觀，但在門外也能拍到非常好看的照片！

　　港務局大樓是遊人較少去的景點，也是採用澳門少有的建築風格，很推薦到這裡看看，當你的朋友看到照片時，或許會猜不到這是澳門呢！

前往方法

從亞婆井前地出來，左轉，一直往下坡路走便會見到。

充滿阿拉伯風情的摩爾建築

Spot 10
媽閣廟

✉媽閣廟前地 🕐07:00～18:00 💲免費 ➡1、
2、5、6B、7、10、10A、11、18、21A、26、
28B、MT4巴士，媽閣廟站下車 MAP P.201、203

這間可說是澳門最古老，最具代表性
的寺廟。澳門的葡文名「MACAU」也是
來自這裡。從前葡人來到澳門時，於媽
閣一帶登岸，問起居民這是什麼地方，居
民都答道是「媽閣」，於是葡人便稱澳門
為MACAU了。至今，媽閣廟依然香火鼎
盛，每年到了除夕，更有大批信眾前來，
爭先上頭柱香呢！

(©林孟儒)

1.媽祖是漁夫的守護者，所以廟內的大石上亦刻上了帆船，掛在船上的旗幟上寫有「利涉大川」4個字，代
表一帆風順之意／**2.**媽閣廟吸引了不少信眾來祈福／**3.**媽閣廟始建於明朝，是澳門最古老的寺廟

弘仁殿

媽閣廟依著斜坡而建，可沿著石階慢慢登上，其中弘仁殿是用石窟鑿成，十分具有特色。

玩家帶路這樣說

如果有時間的話，也可以去媽閣廟對面的海事博物館看看，欣賞壯觀的帆船模型，了解一些航海的知識。

前往方法

從港務局大樓出來，左轉，沿下坡路一直走，走到盡頭，會到達大路，媽閣廟就在附近。

Spot 11
澳門旅遊塔

✉觀光塔前地 📞(853)2893 3339 🕙10:00～21:00 💲購物中心免費，觀光層145元澳門幣，其他設施另外收費 ➡9A、18、23、26、32、MT4巴士，澳門旅遊塔站下車，步行約1分鐘 🌐www.macautower.com.mo 🗺P.201、203

澳門旅遊塔是澳門最高的建築物，這裡集合了多種娛樂設施，包括全澳最大的玩具店、中西式餐飲、購物商場、旋轉餐廳，以及最受歡迎的觀光層等。大家可以先到觀光層遊玩，再到旋轉餐廳，一邊欣賞澳門璀璨的夜景，一邊享用美味豐富的自助餐！

澳門旅遊塔是澳門最高的建築

在觀光層設有玻璃地板，可以清楚看到塔底，感受五十多層樓的高度帶來的震撼。更大膽的朋友，可以挑戰多項刺激活動，如笨豬跳、塔上漫步、徒手攀塔等。

前往方法

1 步出媽閣廟，右轉，沿著馬路走，找到媽閣廟站。

2 媽閣廟站在媽閣廟前地附近，京川日式料理門外，在此坐26號巴士，於旅遊塔/行車隧道站下車。

其他晚餐選擇

西灣安記

晚餐可在澳門旅遊塔解決，若不想在旅遊塔用餐，也可以在旅遊塔巴士站坐18號巴士，在燒灰爐站下車，再前往西灣安記。西灣安記是澳門知名的茶餐廳，價格比一般茶餐廳高，但餐點款式創新，味道也很不錯。可以吃到各種飯類、麵食、義大利麵等等。

✉ 西灣燒灰爐街家和閣30號A地下 ☎ (853)2856 7385 ⏰ 06:00～21:00 🚌 9、9A、16、18、23、28B、32巴士，燒灰爐站下車 MAP P.203

1. 西灣安記總店位於西灣，在澳門有很多分店／**2.** 這道牛尾湯通粉，湯汁滲進通粉裡非常美味，到西灣安記必試

(©林孟儔)

Route 3

新口岸
繁華酒店之旅

路　線　特　色

　　新口岸可說是除了路氹城區外，另一個酒店和賭場林立的地區，各間酒店都各有特色，在這裡可以到各酒店逛逛，還可以去金蓮花廣場、漁人碼頭等拍照，親子最適合去澳門科學館！

　　這條路線的最大特色，在於穿梭於各大酒店之間，觀賞酒店內各種富有特色的展覽與裝飾，更加上充滿知識和啟發性的澳門科學館，集知性與娛樂於一身，行程非常精采豐富！

適合的遊人

❶ 喜歡參觀酒店的人。
❷ 對科學知識有興趣的人。

適合年齡層

遊覽這區的方式以步行為主，適合體力較旺盛的成年人。

玩樂祕技

■ **交通**：酒店之間雖看似很近，其實都還有一段距離，所以適合邊走邊玩。
■ **玩樂**：天氣炎熱時，到酒店既可以吹冷氣，又有店鋪可逛。
■ **飲食**：各大酒店都有提供各種自助餐，如星際、美高梅金殿、永利澳門等等，酒店裡有不少的知名餐廳，大家不妨在此舒適用餐，感受一下澳門酒店的豪華。
■ **購物**：酒店內有許多國際知名精品店，對名牌產品有興趣者，可以在這裡逛逛。

遊玩散策

以參觀各大酒店為主，如新葡京、葡京、永利澳門、美高梅金殿，再加上觀音蓮花苑、金蓮花廣場、漁人碼頭。

START！

08:30～09:30
聯邦酒樓
10分鐘

09:40～10:30
葡京及新葡京酒店
5分鐘

10:35～11:15
永利澳門酒店
10分鐘

11:25～12:00
美高梅金殿
5分鐘

12:05～12:15
觀音蓮花苑
10分鐘

12:25～13:25
九點海鮮火鍋
20分鐘

13:45～16:00
澳門科學館
15分鐘

16:15～16:30
金蓮花廣場
15分鐘

16:45～18:00
漁人碼頭
5分鐘

18:05～19:00
太艮堡陳老太

Spot 1

早餐：聯邦大酒樓

✉ 新口岸山邊街16-28號5樓　☎ (853)2831 3313
🕐 08:00～23:00　➡ 2A、3、3A、3X、5X、7A、
8、8A、9、9A、10、10A、10B、10X、11、
12、21A、22、23、25、25B、26A、28A、
28BX、28C、32、33、39、50、50X、H1、
MT1、MT2號巴士，亞馬喇前地站下車 🗺 P.203

　　聯邦大酒樓是很受澳門人歡迎的粵式
酒樓，這裡的點心精緻美味，價錢平民
化，每到假日都人山人海，在這裡品嚐
點心，享受一頓豐富的早餐，很讚！

聯邦大酒樓價錢經濟實
惠，點心也好吃

前往方法

在亞馬喇前地下車，向葡京酒店方向走
去，沿著葡京路直走，直至走到富豪酒
店附近，聯邦大酒樓就在富豪酒店斜對
面，即中國旅行社的辦公大樓內。

過天橋，往前走100公尺，
看到中國旅行社

葡京酒店的鳥籠外形十分有特色

Spot 2

葡京酒店、
新葡京酒店

✉ 葡京路2-4號　☎ (853)2888 3888　➡ 2A、3、
3A、3X、5X、7A、8、8A、9、9A、10、10A、
10B、10X、11、12、21A、22、23、25、
25B、26A、28A、28BX、28C、32、33、39、
50、50X、H1、MT1、MT2號巴士，亞馬喇前地
站下車 🌐 www.grandlisboahotels.com/zh-hant
🗺 P.201、203

　　葡京酒店鳥籠式的設計，早已成為澳
門具代表性的地標之一，這裡也是澳門
歷史悠久的賭場，裝潢以風水格局著
名，遊人可以找到吸血蝙蝠，困著賭氣
的鳥籠，搶賭客的錢的海盜船等有趣設
計，大家不妨來一次尋找有趣風水陣的
奇趣之旅。

　　位於葡京酒店旁的新葡京酒店，蓮花形狀同樣令人印象深刻。酒店內部十分豪華，可以看到很多精緻又美輪美奐的古玩珍寶，其中最引人注目的，就是澳門賭王何鴻燊斥資買回的珍貴圓明園馬首像。

葡京酒店與新葡京酒店互相輝映

葡京娛樂場是澳門歷史悠久的賭場(©林孟儒)

1.新葡京酒店的外形十分特別，吸引遊人目光／
2.3.新葡京酒店內展示很多藝術品，絕對令人大飽眼福(1.2.3.©林孟儒)

前往方法

從聯邦大酒樓前往，可以沿著羅理基博士大馬路，經過葡京路便可到達。

葡京酒店

往葡京酒店方向

永利澳門酒店外形像一把鎌刀和火炬

📷 **Spot 3**

永利澳門酒店

✉ 仙德麗街 ☎ (853)2888 9966 ➡ 2A、3、3A、3X、5X、7A、8、8A、9、9A、10、10A、10B、10X、11、12、21A、22、23、25、25B、26A、28A、28BX、28C、32、33、39、50、50X、H1、MT1、MT2號巴士，亞馬喇前地站下車 http www.wynnmacau.com/tc MAP P.201、203

永利澳門酒店名店街

永利澳門是一間著名又受歡迎的賭場，走的是舒適優雅的高格調路線，除了賭場以外，這裡還有許多吸引遊人的遊樂設施，如名店街、吉祥樹、富貴龍表演、音樂噴火噴泉等。吉祥樹和富貴龍每半小時表演一次，輪流演出。

多項免費的遊樂表演，向來是永利澳門最吸引遊人之處，另外，它也和葡京一樣，到處都是風水陣，如建築物的鎌刀形狀設計，殺氣騰的血紅色大燈，可吸財氣的火距形招牌設計等，十分有趣。

吉祥樹金光璀璨

前往方法 ➡

走出葡京酒店的正門，利用正門前的地下行人隧道，一出隧道便可到達。

Spot 4

美高梅金殿

✉ 新填海區孫逸仙大馬路　☎ (853)8802 8888　➡
3A、8、12、23巴士，城市日大馬路/波爾圖街站
下車　http www.mgm.mo/zh-hant　MAP P.201、203

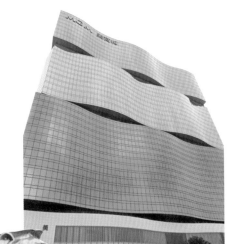

　　美高梅金殿十分好認，只要看到門外的大獅子，便知道已經到達了。步入酒店內，伴隨著一股清新的香氣，是一個充滿歐洲風情的廣場。美麗的建築，白色的樓梯，悠閒坐著的人們，還有旁邊的小咖啡店，真的令人以為置身於歐洲呢！

　　酒店時常會舉辦展覽，如近期的常設大型水族展覽，魚兒在超大型的水族箱裡游來游去，感覺就好像龍宮一樣！

1. 金獅子是美高梅金殿的標誌／**2.** 天幕廣場的歐式建築十分迷人，中間還有一個大型水族箱／**3.** 酒店櫃檯可以欣賞由42塊人工玻璃組成的「Fiori Di Paradiso Drawing Wall」(©林孟儒)／**4.** 由金、白金、玫瑰金打造的波浪形獨特造型，令人印象深刻

前往方法

走出永利，向觀音像的方向走。美高梅金殿酒店就在觀音像的對面。

沿這條路一直走到盡頭

Spot 5
觀音蓮花苑

✉新口岸孫逸仙大馬路對開人工島上 🕐10:00～
18:00 🚌3A、8、10A、12巴士，新口岸/文化中
心站下車；或10A、17巴士，觀音蓮花苑站下車
MAP P.201、203

這座觀音像的最特別之處，是其中西
合璧的特色，細心一點觀察的話，會發
現觀音的形態跟聖母十分相似，在9月
分進行的煙花匯演期間，觀音像是個絕
佳的觀賞地點。

前往方法

在美高梅金殿酒店的對面。

Spot 6
午餐：九點海鮮火鍋

✉聖德倫街483號 📞(853)2850 8885 🕐11:00～
00:30 🚌3A、5X、8、10A、12、MT5，新
口岸/馬德里街下車 MAP P.203

九點是我個人很推薦的酒樓，不僅點
心有創意、精緻、美味、賣相好，更重
要是CP值高，4個人去吃午飯，才澳門
幣140多元，實在超值！他們的薄鐶、
包點、甜點都很有水準，推薦一試！

1.九點的點心色香味全／**2**九點的費用平價，多
人前去用餐，每人平均下來，十分超值

前往方法

1 從觀音像
前往何緊
公園，穿過公
園後，向左轉。

 穿過公園後，向左轉

2 沿途會經
過捐血中
心，繼續直走
至下個街口。

3 九點就在葡萄園餐廳隔鄰。(何緊
公園對面，捐血中心附近)

九點海鮮火鍋

葡萄園餐廳

1

澳門科學館

Spot **7**

✉ 孫逸仙大馬路 ☎ (853)2888 0822 🕒 10:00～18:00(17:30停止售票)，週四休館 💲 門票澳門幣25元，天文館澳門幣50元 ➡ 3A、8、10A、12號巴士，澳門科學館站下車 🌐 www.msc.org.mo 🗺 P.201、203

　　這是一個寓教育於遊戲，很適合孩子遊玩的地方。共分為12個長期展覽廳，展出主題包括：太空科學、兒童樂園、兒童科學、科學快車、機械人、聲學、地球、遺傳學、環保、運動健康、運動競技及食物科學。最有趣之處是展品都是採取互動形式，由孩子親自動手操作，通過嘗試領悟出各種科學原理。

科學館附設一個立體天文館，播放多部充滿趣味的科學節目，戴上了特製眼鏡，真的有遨遊太空的感覺呢！

1. 科學館的外形像一艘大船／**2.** 火箭是科學館最具代表的展品

館內有很多互動趣味科學遊戲，也有適合孩子玩耍的設施

前往方法

1 從九點海鮮火鍋回到觀音像，再沿著海邊走。

沿這條路一直走

2 過馬路，左轉即可到達。

科學館

Spot 8

金蓮花廣場

✉ 新口岸高美士街、畢仕達大馬路及友誼大馬路之間 💲免費 ➡ 1A、3、10、10B、28A、28BX、28C、32號巴士，理工學院站下車；或1A、3、10、10B、10X、23、28A、28B、28BX、28C、32號巴士，旅遊活動中心站下車 📍P.201、203

佇立在廣場中心金蓮花，是澳門的市花，也是澳門特區區旗上的標誌，很多遊人都會在此拍下一張「到此一遊」的照片。而在國慶及回歸紀念日，這裡都會舉行隆重的升旗儀式。

每到國慶及回歸日，廣場上都會進行升旗儀式

➡ 前往方法

從科學館出來，一直走到金沙酒店，經過金沙酒店後便到達金蓮花廣場了。

前往金沙酒店及金蓮花方向

Spot 9

漁人碼頭

✉ 孫逸仙大馬路對面 ☎ (853)8299 3300 🕐 24小時營業 💲免費 ➡ 3A、8、10A巴士，孫逸仙大馬路/友誼大馬路下車 🌐 www.fishermanswharf.com.mo 📍P.201、203

漁人碼頭是以仿歐洲建築為主的主題樂園，目前部分仍在整修，但歐洲步行街及羅馬競技場等仍然開放，是拍照的好地方。

Spot 10
晚餐：太艮堡陳老太

✉ 漁人碼頭內 ☎ (853)2881 3322 ⏰ 12:00〜23:00 🚌 3A、8、10A巴士，孫逸仙大馬路/友誼大馬路下車 🗺 P.203

廣東菜在中國菜當中極負盛名，而當中又以順德菜為代表。在漁人碼頭的太艮堡陳老太菜館裡，大家可以吃到以鮮味著稱，美味道地的順德菜，吃完晚飯後還可以順道拍攝漁人碼頭的夜景呢！

1.羅馬競技場幾可亂真／**2.**彷彿在歐洲步行街上漫步，悠閒寫意

太艮堡陳老太是漁人碼頭內一間很受歡迎的餐廳

前往方法

穿過金蓮花廣場後，會到達金沙酒店，漁人碼頭的入口就在金沙酒店對面。

巴比倫娛樂場

前往漁人碼頭

前往方法

太艮堡陳老太就位於漁人碼頭的歐式街道上。

Route 4
東望洋
遠眺澳門之旅

路　線　特　色

　　所謂「欲窮千里目，更上一層樓」，想鳥瞰澳門的美麗景色，就要到松山！以東望洋一帶為主，除了可以居高臨下，欣賞澳門全景外，更可以參觀集合了中西文化特色的聖母雪地殿教堂。

　　早上到松山的健康徑走走，呼吸新鮮空氣。下午則以踏青和親子互動旅遊為主，讓家長和孩子們一起投進大自然的懷抱，親親動物，還可以透過親自動手製作，對通訊設備增添了解，可說是寓學習於遊戲的旅遊方式。

適合的遊人

❶ 喜歡大自然的人。
❷ 喜歡探索新知的人。

適合年齡層

適合成年人與孩子一起參與。

玩樂祕技

■ **交通：** 如體力充沛，可以徒步從二龍喉公園登上松山；但若同行者有老人或小孩，則較建議乘坐纜車。

■ **飲食：** 松山一帶美食較多，如三寶冰室、玫瑰咖啡室、麗湖軒酒家等。如想找更多價錢便宜的道地美食，可到雀仔園一帶，那有潮豐麵家、公仔記、張姐記食坊、星越居貞記新加坡美食等，價格便宜且分量充足。

■ **玩樂：** 以親子遊為主，可以帶小朋友親近貓咪、動手製作郵票，一定玩得不亦樂乎！

遊玩散策

路線以松山為主軸，景點包括：國父紀念館、二龍喉公園、東望洋燈塔及聖母雪地殿、塔石廣場、盧廉若公園、通訊博物館及觀音堂。

START !

08:00～09:00
玫瑰咖啡室　2分鐘

09:02～09:30
國父紀念館　10分鐘

09:40～10:15
二龍喉公園　5分鐘
　　　　　10分鐘

10:30～10:45
軍用隧道　10分鐘

10:55～11:30
東望洋燈塔及聖母雪地殿　15分鐘

11:45～12:45
麗湖軒酒家　15分鐘

13:00～13:30
塔石廣場　5分鐘

13:35～14:15
盧廉若公園　20分鐘

14:35～16:00
通訊博物館　15分鐘

16:15～17:00
觀音堂　5分鐘

17:05～18:05
雅麗娜葡式茶餐廳

Spot 1
早餐：玫瑰咖啡室

✉ 士多鳥拜斯大馬路23號地下　📞 (853)2852 2418
🕐 07:00～18:00　➡ 坐2、2A、5、9、9A、16、
25、25B號巴士，盧廉若公園下車　MAP P.204

　　豬扒包是很多來澳門的人必吃美食，玫瑰的豬扒包是我大力推薦的，雖然豬扒分量只是一般，但豬扒煎得很香，而麵包烘得外脆內軟，非常好吃！價錢也不貴，約澳門幣18元一份。此外還有辣魚公仔麵、芝士(即起司)蛋白餐包等等美食。

辣魚公仔麵採用葡國老人牌的辣魚，口味獨特

其他早餐選擇

三寶冰室

　　這是一間充滿文藝懷舊氣氛的冰室，提供多種特色飲品，如咸檸七、紅牛、黑牛等，更有特色三大美食——豬扒包、西多士及芝士(即起司)撈丁(拌出前一丁泡麵)。

✉ 羅利老馬路澳門-6號文德大廈　📞 (853)2852
3708　🕐 07:00～19:00　➡ 坐2、2A、5、9、
9A、16、25、25B號巴士，盧廉若公園下車　http
www.facebook.com/sampoumacau　MAP P.204

三寶冰室充滿了懷舊氣息

芝士汁午餐肉煎蛋撈丁

前往方法

1 在盧廉若公園下車後，右轉，過馬路，在CCK冷凍食品專賣店旁的小路一直走。

2 走到盡頭會看到國父紀念館，玫瑰咖啡室就在國父紀念館的對面，另一方向可前往三寶冰室。

前往玫瑰

前往三寶冰室

Spot 2 國父紀念館

✉文第士街1號 ☎(853)2857 4064 ⏰10:00～
17:00 💲免費 🚌2、2A、5、9、9A、16、25、25B號
巴士，盧廉若公園下車 🌐zh.macaotourism.gov.
mo(觀光→博物館及展覽廳→澳門國父紀念館) 🗺
P.201、204

國父紀念館就在玫瑰咖啡室對面，可以一起同遊

這裡曾是孫中山先生家人的住所，現
已成為國父紀念館，在裡面可以找到很
多有關孫中山先生的生平事蹟和歷史資
料，也收藏不少國父在澳門行醫時用過
的家具和物品。

前往方法

在玫瑰咖啡室的對面。

Spot 3 二龍喉公園

✉士多鳥拜斯大馬路 ☎(853)6537 3210 ⏰
06:00～22:30 💲搭乘登山纜車單程澳門幣2元、
來回澳門幣3元 🚌2、2A、6A、12、17、18、
18A、19、22、23、25、25B、32巴士，二龍喉
公園站下車 🌐zh.macaotourism.gov.mo(觀光→
公園→二龍喉公園) 🗺P.201、204

山纜車是全世
界最短的纜車，大
約2分鐘便走完
全程，車費也不
貴，可以省卻上
山的辛苦路程。

1.纜車收費便宜，是全世
界最短的纜車／2.在二龍
喉公園門口的纜車站，坐
纜車上松山／3.二龍喉公
園的黑熊明星——寶寶

在這個歷史悠久的公園裡，住著澳門
著名的動物明星，例如伴著很多居民
一起成長的黑熊——寶寶。公園面積不
大，養著猴子、雀鳥、龜等動物，是很
受居民歡迎的休憩場所。公園門口的登

前往方法

從玫瑰出來，到達士多鳥拜斯大馬路，
右轉，過馬路，一直走，經過中葡學校
後便可到達。

中葡學校

Spot 4
軍用隧道、東望洋燈塔及聖母雪地殿

✉ 東望洋燈塔　📞 (853)8399 6699　🕐 10:00～17:00　💲 免費　➡ 從二龍喉公園坐纜車前往　http zh.macaotourism.gov.mo(觀光→澳門世界遺產→東望洋炮台)　❓ 燈塔平日不開放參觀，只有每年5月18日的港務局日才開放　MAP P.201、204

　　在松山上有很多軍用隧道，其中這條是向公眾開放的，大家可以一睹從前軍人生活的環境。而在山頂則是東望洋燈塔及聖母雪地殿。這燈塔一直都擔當起

前往方法

1 到達登山纜車站後，向健康徑的方向走。

2 沿著健康徑走。

3 出健康徑後，走上上坡路，遇一平地，軍用隧道就在此。

4 繼續爬上坡路，可以到達燈塔及聖母雪地殿。

往燈塔及聖母雪地殿

往松山出口及麗湖軒酒家

引領船隻的作用，平日並不開放。旁邊的小教堂是聖母雪地殿，這裡環境典雅優美，是很多新婚夫婦拍婚紗照的勝地。

聖母雪地殿是揉合了中西風格的教堂，在壁畫上，除了可以找到西方宗教的圖案外，還可以找到東方的圖畫。

1.聖母雪地殿是一間揉合了中西風格的教堂，這裡是拍攝婚紗照的勝地／**2.**大家可以進入隧道尋幽探祕，隧道展示出軍人以前生活的環境／**3.**燈塔裡展示著熱帶氣旋訊號(風球)

午餐：麗湖軒酒家

Spot 5

✉地厘古工程師馬路1-5號 (東望洋酒店內) ☎(853)2851 3888 🕐07:00～22:00 ➡17、28C巴士，粵華中學下車 MAP P.204

在東望洋酒店裡有一間環境清幽的酒樓，可以在這裡飲茶及享用廣東點心，各式點心如鮑魚雞飯、南瓜餅、紫菜蟮龍卷等都很有水準，價格合理，經過一早上的登山行程，可在此充電一下。

麗湖軒的點心精緻，環境清幽，是午飯的好選擇

其他午餐選擇

皇冠小館

這家皇冠小館的水蟹粥人氣很高，也曾有很多名人專訪，而且位置交通方便，到荷蘭園一帶遊玩時，不妨把它加進行程裡吧！

✉水坑尾310號 ☎(853)2837 2248 🕐10:00～02:00 ➡2、4、7、18A、19號巴士，水坑尾/方圓廣場站下車；或2A、7A、8、8A、9、9A、12、18、22、25號巴士，水坑尾/公共行政大樓站下車 🌐www.wongkun.com.mo MAP P.204

前往方法

1 從燈塔沿著下坡路一直下去，走到松山的出口。

松山出口

2 再走下去，會在右邊看到東望洋酒店，麗湖軒酒家就在東望洋酒店裡。

Spot 6
塔石廣場

✉荷蘭園塔石廣場 ⏰全日開放 💲免費 🚌2、2A、5、9、9A、16、25、25B號巴士，盧廉若公園下車，步行約5分鐘 🗺P.201、204

　　塔石廣場是很受澳門居民歡迎的休憩地方，這兒地上是葡式小石路，周圍都是充滿葡國風情的典雅健築——文化局大樓、中央圖書館、歷史檔案館、塔石衛生中心、澳門樂團總部、饒宗頤學藝館及澳門茶文化館，喜歡特色建築物的朋友千萬不要錯過！

1.塔石廣場地上是充滿葡國風情的小石路／2.塔石藝文館外形獨特／3.在廣場附近的建築都充滿典雅優美

前往方法

1 走出麗湖軒後，朝下坡路走，直到走至這個街口，兩條路都可到塔石廣場，但右邊的路會近一點。

前往塔石廣場

2 在中葡學校旁有一條石階，沿石階下便可到達塔石廣場。

石階在這裡

Spot 7
盧廉若公園

✉ 荷蘭園大馬路　☎ (853)2831 5566　🕐
06:00～21:00　💲免費　➡2、2A、5、9、9A、
16、25、25B號巴士，盧廉若公園下車　http
zh.macaotourism.gov.mo(觀光→公園→盧廉若公
園)　MAP P.201、204

　　走進盧廉若公園，感覺就有如進入蘇
州園林一樣，這裡的亭台樓閣、假石山
林、迂迴迴廊、小橋流水等，都是仿照
蘇州的園林而建成，是澳門唯一具有蘇
州園林特色的花園，更是「澳門美景」
之一！

　　每逢盛夏來到，這裡的池塘都會開滿
荷花，荷花飄香，再加上迂迴美麗的九
曲橋，構成一幅有如仙境般的畫面！

前往方法

離開塔石廣場之後，沿著荷蘭園大馬路
一直走到新西洋墳場 (即盡頭)。

1. 緊鄰盧廉若公園的澳門茶文化館，展現中西方的茶知識與歷史(©林孟儒)／**2.** 盧廉若公園仿照蘇州的園林建成(©林孟儒)

Spot 8 通訊博物館

馬交石砲台馬路7號　(853)2871 8063
09:00～17:30　成人澳門幣10元，學生澳門幣5元，3～9人團體(每位)澳門幣8元，10人或以上團體(每位) 澳門幣7元，65歲以上及3歲以下免費　2、2A、6A、'18巴士，電力公司站下車
macao.communications.museum　P201、204

1. 可以體驗上電視的滋味／**2.** 各種不同類型的郵箱／**3.** 博物館的展品幫助大家了解送信的過程

這是個很適合親子同遊的博物館，展示了各式各樣和通訊相關的展品，如古老的電報機、從前的郵政設備、多款珍貴的郵票等，更有非常有趣味的互動活動，可以讓大家製作屬於自己的明信片，還有可以親自嘗試上電視的滋味。

博物館最具特色的是各種互動遊戲，如科學實驗、飛機模擬器等，只要用入場證刷一刷，便可以盡情使用了。

前往方法

1 從盧廉若公園出來，左轉走到荷蘭園大馬路一直走，走到盡頭的新西洋墳場，然後右轉。直到見到圖中的路。

2 走此上坡路，途中會經過鮑思高小學。在上坡路盡頭處右轉。

3 到達濠江中學，沿著此路進去。

濠江中學

4 過馬路再往前走，博物館在前面。

Spot 9

觀音堂

✉美副將大馬路2號 🕙10:00～16:00 💲免費 ➡
12、17、18、23、28C巴士，觀音堂站下車；或22、25、
25B巴士，愉景花園站下車 http zh.macaotourism.
gov.mo(觀光→廟宇→觀音堂) MAP P.201、204

這座原名為「普濟禪院」的觀音堂，是
澳門數一數二歷史悠久的廟宇，香火鼎
盛。廟宇的花園有一張著名的石桌，是中

建於明朝末年的觀音堂是澳門三大禪院之一

美簽署「望廈條約」的地方，非常具有歷
史意義。

前往方法

1 從通訊博物館回到螺絲山公園，再
從鮑思高小學旁的下坡路走下去。

2 盡頭是美副將大馬路，右轉一直走
即達。

Spot 10

晚餐:
雅麗娜葡式茶餐廳

✉美副將大馬路6號 ☎(853)2853 5239 🕙
12:30～15:00，18:00～22:30，週四休息 ➡
12、17、18、23、28C巴士，觀音堂站下車；或
22、25、25B巴士，愉景花園站下車 MAP P.204

在通訊博物館附近較少餐廳，建議回
到美副將一帶用餐。這間餐廳提供的是
媽媽做的家常菜，最著名的便是免治
豬肉飯，還可以在這裡吃到其他葡國美
食，非常有特色!

前往方法

從觀音堂走出
來後右轉一直
走，直至走到
愉景花園車
站，餐廳便在
車站那裡。

在雅典娜這種家庭式的餐廳用餐，有種在土生葡人家作
客的錯覺

(©林孟儒)

Route 5

內港新橋
深度之旅

 路　線　特　色

　　若你之前已來過澳門，去過大三巴、議事亭前地、媽閣廟等等的著名景點，再次遊澳門，可以選擇這條以較寧靜的北區內港路線，遊走一些較寧靜古樸的小街道，這裡並不像觀光景點區那麼地商業化。

　　此路線是較少觀光客去的區域，因此最大的特色，就是能感受到澳門最純樸且寧靜的一面。除了觀光之外，你還可以在紅街市、義字街等市集購物。景點安排並不多，以在街道漫步為主，可以更深入地探索澳門的民生風貌，體驗一下當地人的生活民情。

適合的遊人

❶ 已經來澳門很多次，且之前也去過一些主要景點的人。

❷ 想要了解澳門的民生風貌，喜歡新鮮感的人。

適合年齡層

以深入當地風土民情的散步為主，較適合成年人。

玩樂祕技

■ **交通：** 由於此區非熱門觀光區，出發前請做好功課，可用Google Maps認路。

■ **飲食：** 三盞燈有很多美食，正餐不要吃太飽，留些肚子才能盡情品嘗！

■ **購物：** 想購買便宜時裝，義字街一帶有很多小商場和店鋪，且生活用品齊全。

■ **玩樂：** 由於此區並非遊客首選到訪的旅遊區，玩樂點較少，但卻保留著老澳門的風情，可在此感受到當地居民純樸的一面。

遊玩散策

這條路線平時遊人較少會去，以內港一帶為主，再加上熱鬧的三盞燈及新橋市集。主要景點包括：聖安多尼堂、白鴿巢公園及東方基金會會址、消防博物館、三盞燈及新橋市集。

START !

08:30〜09:30
南屏雅敍　　10 分鐘

09:40〜11:00
東方基金會會址、白鴿巢公園及聖安多尼堂　　5 分鐘

(©林孟儒)

11:05〜12:15
西班牙烤雞　　5 分鐘

12:20〜12:45
消防博物館　　10 分鐘

(©林孟儒)

12:55〜14:45
義字街　　5 分鐘

14:50〜15:15
紅街市　　10分鐘

15:25〜17:00
三盞燈及品嘗三盞燈小吃　　2分鐘

17:02〜18:00
園林小食店

79

☕ Spot 1 早餐：南屏雅敘

📧 新馬路十月初五街85-85A號地下 📞 (853)2892 2267 🕐 06:30～18:30 ➡ 18號巴士，十月初五街站下車 🗺 P.205

南屏雅敘是間很有特色的懷舊茶餐廳

　　南屏雅敘是很受遊客歡迎、歷史悠久的茶餐廳，這裡最著名的便是香噴噴的沙翁和用料十足、分量和味道俱佳的叉燒雞蛋三明治，價錢不貴，可以在此享受一頓豐富的早餐！

前往方法 ➡

坐18號巴士，十月初五街站下車，南屏雅敘就在巴士站的對面。

其他早餐推薦

滄洲咖啡小食

跟南屏雅敘一樣，位於十月初五街，這是一間CP值很高的咖啡餅店，可以用很便宜的價錢，買到味道可口的多款西餅，如蛋撻、海鮮批、老婆餅等，每款都只不過幾塊錢！

📧 新馬路十月初五街55號A 📞 (853)2892 3210 🕐 07:00～18:00 ➡ 18號巴士，十月初五街站下車 🗺 P.205

十月初五街臥虎藏龍，這間滄洲咖啡小食雖不起眼，出品的西餅都是非常誘人的喔

黃枝記

雖然人氣不及議事亭前地分店，但十月初五街的黃枝記才是老鋪，竹升麵彈牙美味，同樣是早餐的好選擇！

📧 十月初五街51號 📞 (853)2892 2271 🕐 08:30～23:00 ➡ 18號巴士，十月初五街站下車 🗺 P.205

黃枝記的竹升麵在澳門絕對是鼎鼎大名，時常吸引大批客人光顧

Spot 2

聖安多尼堂、白鴿巢公園及東方基金會會址

✉白鴿巢前地 ⏰聖安多尼堂：07:30～17:30；
東方基金會會址：09:30～18:30 💲免費 ➡️17號
巴士，白鴿巢總站下車；或8、18、18A、19、
26號巴士，白鴿巢前地下車 http://www.catholic.org.
mo/list-25/109 🗺️P.201、205

1.東方基金會的花園是可以進入拍照的，但不能進入會址辦公室範圍內／**2.**美麗典雅的聖安多尼教堂／**3.**走累了可以在翠綠青蔥的白鴿巢公園裡休息

聖安多尼堂是很多新婚夫婦都愛在此舉行婚禮的教堂，因為鄰近白鴿巢與東方基金會會址，可以三地一起同遊。白鴿巢公園裡設有圖書館及紀念著名葡國詩人賈梅士的銅像。公園旁的東方基金會會址的花園部分對外開放，可在花園裡拍攝到很美的照片。

玩家帶路這樣說

在聖安多尼堂門口的兩條路，可通往大三巴牌坊及十月初五街。

大三巴牌坊

十月初五街

前往方法 ➡️

1 從十月初五街一直走。

2 直到見到黃枝記，右轉，再沿上坡路直上。

黃枝記

Spot 3
午飯：西班牙烤雞

✉ 連勝街2號妙麗大廈地下A座 ☎ (853)2835 0408 🕐 12:00～22:30 ➡ 17號巴士，白鴿巢總站下車；或8、18、18A、19、26號巴士，白鴿巢前地站下車 🌐 lbsuperpollo.com 🗺 P.205

澳門的西班牙餐廳不算多，這是很著名、人氣很高的一間，除了可以吃到西班牙小食、海鮮飯之外，更有烤得非常誘人的烤雞和薄餅。因為店面面積較小，常常一座難求。

前往方法

從白鴿巢公園出來回到大路上，向左轉，經過佳景樂園，西班牙烤雞就在佳景樂園對面。

西班牙烤雞可是店內的招牌

Spot 4
消防博物館

✉ 連勝馬路2至6號消防局指揮大樓 ☎ (853)2857 2222 🕐 10:00～18:00 💲 免費 ➡ 8、17、18、18A、19、26號巴士，連勝/鏡湖醫院站下車 🌐 zh.macaotourism.gov.mo(觀光→博物館及展覽廳→消防博物館) 🗺 P.201、205

博物館展示了很多現代及從前的消防工具，讓大家對消防員的工作及裝備有更多的了解。在所有展品中，兩部保存得很好的古董消防車可說最為吸晴，看起來威風凜凜，不少遊人都喜歡拍照留念。

2

1.消防博物館是一間很美麗的黃色建築／2.大家可以在博物館裡看到古董消防車

前往方法

從西班牙烤雞出來，右轉，一直走，過了鏡湖醫院後便到達了。

Spot 5
義字街

✉ 飛能便度街(生果街)及義字街一帶　➡5、9、9A、25、25B巴士，高士德/亞利雅架街站下車
🅼P.201、205

　　義字街是澳門的市集之一，售賣的貨品以平民路線的生活雜貨為主，這區也集合了不少小型商場和時裝店，若想購買便宜衣飾的話，可以在這裡尋寶看看！

義字街集合了各種日常生活雜貨，是很受當地人歡迎的購物地點

前往方法 ▶

1 走出消防博物館，右轉，一直走，沿著連勝馬路走。

2 直至經過大豐銀行，見到牛仔城，左轉。經過美心餅店，義字街入口就在來來電器對面。

牛仔城

Spot 6
紅街市

✉ 罅些喇提督大馬路125號　📞(853)2821 0434　🕐07:30～19:30　➡6A、23、32巴士，高士德/紅街市站下車；或5、9、9A、25、25B巴士，高士德/亞利雅架街站下車　🅼P.201、204

　　紅街市是澳門最美麗的街市之一，是一座典雅的紅色建築。在街市周圍是一些生活用品小攤，遊人也可以在這裡的小攤買到祐記的龍鬚糖。

紅街市可說是全澳門最美麗典雅的街市

前往方法 ▶

從義字街出口走出來，會到達高士德大馬路，紅街市就在對面。

Spot 7
三盞燈

✉ 嘉路米耶圓形地　➡ 5、9、9A、25、25B號巴士，高士德/亞利鴉架街站下車　🅼P.201、205

　　三盞燈是位於澳門聖安多尼堂區的一個圓形廣場，附近有很多特色小吃，如雅香緬甸麵食、馮記豬腳薑等等，可以作為點心。而新橋義字街一帶是很受澳門居民歡迎的市集，集合了多種價廉物美的生活用品，有小攤，也有小商場，可以買到各式服裝、鞋襪衣飾等等，也可以在小吃小攤買到砵仔糕、晶記金錢餅等特色糕餅。

1. 三盞燈又名嘉路米圓形地／2. 在雅香咖啡可以吃到美味的椰汁雞麵／3. 雅馨雞絲撈麵。雅馨是雅香的姐妹店，販售的品項相同／4. 來到三盞燈，必吃馮記豬腳薑／5. 溫記售賣家鄉特色茶粿湯

前往方法

　　從紅街市出來，過馬路，左轉，一直走，直至見到時間廊CITY CHAIN轉進去，三盞燈就在眼前。

晚餐：園林小食店

三盞燈飛能便度街25號B　📞 (853)2852 6900
🕐 10:00～20:00　🚌 5、9、9A、25、25B巴士，
高士德亞利雅架街下車　MAP P.205

　　在三盞燈吃了那麼多，晚飯再吃一碗麵便應該足夠了。園林小食店的麵食無論分量或是味道都不錯，吃一碗已足夠當晚飯了。

1.園林小食店的小吃價錢合理／**2.**生牛肉麵是園林小食店的招牌菜

2

其他晚餐推薦

真點心

真點心位於從高士德通往雅廉訪的俾利喇街，是一間專門吃廣東點心的店，和一般茶樓不一樣，在晚上仍然可以吃到點心，而且不用收茶錢，價錢比茶樓便宜，點心也備受歡迎！

✉ 俾利喇街113號115恆秀苑　📞 (853)2855 0220
🕐 11:00～22:00　🚌 8、8A、12、18、18A、
19、22、28C巴士，俾利喇/高士德站下車　http
www.facebook.com/zhendimsum
MAP P.205

1.真點心人氣很高，什麼時候都是一位難求／**2.**真點心的點心精緻，分量又足，很受客人歡迎

2

牛芳百世

跟真點心位於同一條街道上，這是一間專門吃牛肉的店，很多明星都曾光顧，這裡的崩砂牛腩十分柔軟入味，還有牛腩鍋也非常好吃，極力推薦！

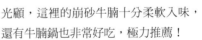

1

✉ 俾利喇街129號永利閣　📞 (853)2855 0035　🕐
12:00～22:00　🚌 8、8A、12、18、18A、19、
22、28C巴士，俾利喇/高士德站下車　MAP P.205

1.牛腩鍋用料十足，滋味令人難忘／**2.**牛芳百世就如其名，就是專門提供牛肉料理的餐廳

(©林孟儒)

Route 6

路氹城
璀璨酒店之旅

路 線 特 色

　　如果想感受澳門最繁華的一面，一定要去路氹城區看看。若只是想逛逛和拍拍照，可以用1天玩完；若想慢慢遊逛，享受血拼的樂趣，也想多玩一些酒店的娛樂設施的話，那就需要預留2天的時間。

　　這裡的大型酒店雲集，每一間都有很豐富的娛樂設施，還有令人瘋狂血拼的購物中心。此外，氹仔舊城區的官也街也是著名的伴手禮街和美食街，在這裡可以安排1～2天遊玩。

適合的遊人

❶ 喜歡美食、血拼的人。
❷ 想感受澳門最繁華一面的人。
❸ 想體驗酒店各種遊樂設施的人。

適合年齡層

適合成年人和親子遊樂，但因為路程較長，建議安排2天，或多利用巴士，以免小孩子會過於疲累。

玩樂祕技

■ **交通**：坐1、22、33巴士在氹仔官也街或氹仔中葡小學下車，景點在車站周邊。
■ **景點**：以氹仔舊城區及金光大道的酒店為主，可以舒服地在酒店內閒逛。
■ **餐飲**：官也街和地堡街上有多間餐廳，可以吃到葡式、西班牙式、日式料理，也可以吃到澳門的著名小吃。
■ **購物**：官也街上有一間大型的紀念品店，以及數間伴手禮店。想買精品的話，不妨到大酒店的購物中心逛逛。

遊玩散策

龍環葡韻、路氹歷史館、威尼斯人、新濠天地、新濠影滙、金沙城中心、永利皇宮、巴黎人。

START !

08:30～09:30

青洲灶記咖啡

5 分鐘

09:35～10:15

路氹歷史館

5 分鐘

(©林孟儒)

10:20～11:00

官也街及官也墟

10 分鐘

11:10～12:00

龍環葡韻

20 分鐘

(©林孟儒)

12:20～13:20

威尼斯人美食中心

5 分鐘

13:25～15:30

威尼斯人及巴黎人

15 分鐘

(©林孟儒)

15:45～16:45

新濠影滙或金沙城中心

15 分鐘

17:00～19:15

新濠天地及晚飯

5 分鐘

(©林孟儒)

19:30

準備入場水舞間

(©林孟儒)

20:20～21:30

觀看水舞間

(圖片提供／新濠天地)

Spot 1

早餐:
青洲灶記咖啡

✉迠仔舊城區巴波沙總督街18號地鋪 ☎(853)2857
6128 🕐07:00～19:00 🚌坐11、15、22、28A、
30、33、34號巴士,在迠仔中葡學校站下車 🗺
P.206

青洲灶記在澳門名氣不小,是很受澳
門人喜歡的咖啡室,各式茶餐都很出
色,特別是豬扒包、冰火波蘿油、燴通
粉等。雖然名為「青洲灶記」,但也可
以在迠仔的分店享用他們的美食!

推薦美食

豬扒包

青洲灶記的豬扒包也很有水準,而且
價錢合理,麵包又香又脆。

冰火波蘿油

即是加上牛油的波蘿包,外暖內冷,
外甜內鹹,口味很特別。

番茄肉碎燴通粉

用料豐富,口味酸酸甜甜,分量很
足,健康又容易入口。

前往方法

在迠仔中葡學校站下車,青洲灶記咖啡
就在巴士站對面。

通往路迠歷史及官也街

通往銀河

青洲灶記位置

這座綠色建築物原址為大利來記,現在已變成青洲灶記了,青洲灶記可是五十多年的老字號

其他早餐推薦

新好利咖啡餅店

這是一家很多人推薦的平價小餐館,以鮮奶蛋撻和燕窩撻著名,時常一位難求。

✉ 氹仔舊城區地堡街13-14號(地堡街) ☎ (853)2882 7313 🕐 07:00～18:00 🚌 11、15、22、28A、30、33、34巴士,氹仔中葡小學下車,步行3分鐘 🗺 P.206

大利來記

澳門最著名的豬扒包店,豬扒包十分好吃,但價錢也最貴,澳門幣30～40元一個,CP值實在不高。

✉ 氹仔舊城區告利雅施利華街35號地鋪(路氹歷史館旁) ☎ (853)2882 7150 🕐 08:00～18:00 🚌 11、15、22、28A、30、33、34巴士,氹仔中葡小學下車,步行約1分鐘 🌐 www.taileiloi.com.mo 🗺 P.206

沛記咖啡室

最著名的就是新鮮出爐,香噴噴的激仔(即核桃蛋糕),價錢不貴,值得一試。

✉ 氹仔舊城區官也街25號地下(官也街) ☎ (853)2882 7462 🕐 08:00～18:00 🚌 11、15、22、28A、30、33、34巴士,氹仔官也街下車,步行約3分鐘 🗺 P.206

興記咖啡室

推薦各種麵食粉類,如義大利粉(即義大利麵)、通粉等,當中以燴義大利粉和燴通粉最好吃。

✉ 氹仔舊城區柯打蘇沙街18號地鋪 (莫義記大菜糕附近) ☎ (853)2882 7100 🚌 11、15、22、28A、30、33、34巴士,氹仔官也街下車,步行約2分鐘 🗺 P.206

Spot 2

路氹歷史館

✉ 氹仔告利雅施利華街 ☎ (853)2882 5631 🕐 10:00～18:00 (17:30停止入場)，週一休息 💲澳門幣5元，週日免費開放 🚌 11、15、22、28A、30、33、34巴士，氹仔中葡小學下車，步行約1分鐘 🌐 zh.macaotourism.gov.mo(觀光→博物館及展覽廳→路氹歷史館) 🗺 P.206

大家或會很好奇，現在金光璀璨的路環氹仔，從前到底是什麼樣子的？來到這個歷史館便能找到答案。這裡原本是海島市政廳，後來改建成展覽館，收藏著珍貴的相片和文物，把路環氹仔昔日的模樣重現遊人眼前。

前往方法

走出青洲灶記，路氹歷史館就在青洲灶記的後方。

路氹歷史館

青洲灶記

往官也街方向

1.路氹歷史館就位在青洲灶記的隔壁／2.路氹歷史館展示了澳門兩個離島的歷史文化(©林孟儒)／3.館內也展示了以前的炮竹製作流程(©林孟儒)

官也墟的樓下是咀香園餅家

Spot 3

官也街

✉ 氹仔官也街 ⏰ 店鋪大多在10:00後才開始營業，約20:00結束 🚌 11、15、22、28A、30、33、34巴士，氹仔官也街下車，步行約1分鐘 ℹ️ 官也街人潮較多，扒手也多，請注意財物安全 MAP P.206

　　從前冷冷清清的官也街，隨著路氹的發展，已一躍成為最受遊客歡迎的手信（即伴手禮）街。這裡雲集了數間手信店，不少都提供免費試食，更有多間特色的小吃店，可以吃到豬扒包、大菜糕、核桃蛋糕、肉切酥等充滿澳門風味的道地小吃，還可以在這邊買到特色紀念品。

官也墟

✉ 氹仔官也街33-35號 ⏰ 09:30～22:00 🚌 同官也街 http www.cunhabazaar.com MAP P.206

　　在官也街的盡頭，有一間美麗又色彩繽紛的建築，叫「官也墟」，是文創作品的售賣地，裡頭販售梳打熊貓的周邊商品，是澳門本土原創，在這裡，你還可以找到其他本地設計師原創產品，送禮或是自用都十分適合，你也可以在此休息一下。

官也街上可以買到眾多澳門的伴手禮（©林孟儒）

1.官也墟可以說是澳門文創的代表地標,1樓是咀香園餅家／2.這裡有許多澳門本土文創梳打熊貓的產品可選購／3.復古的澳門紀念馬克杯／4.這裡也有販售一些文創造型磁鐵(1～4©林孟儒)

3

4

前往方法

1 從路氹歷史館,沿著大利來記的方向一直走。

2 官也街就位在氹仔官也街巴士站的對面。

巴士站

往路氹歷史館及青洲灶記方向

往官也街

官也街

Spot 4

龍環葡韻

✉ 氹仔海邊馬路 ☎ (853)2882 7103 🕐 10:00～
19:00(18:00後停止入場)，週一休息 💲 免費 ➡️
11、15、22、28A、30、33、34號巴士，氹仔
官也街下車，步行約5～10分鐘 🌐 www.icm.gov.
mo/cn/housesmuseum 🗺️ P.206、207

這一座座優雅的淺綠色建築，有著一
個很美麗的名字叫「龍環葡韻」。龍環
是氹仔以前的名字，葡韻則是指葡式的
建築。這些宅第原本是澳門昔日葡人的
住所，經過翻新之後，現在成了展覽館
及住宅博物館，展示著從前葡人的家居
生活。

住宅博物館保留著往昔葡人家庭的舊
貌，不用入場費，不妨融入了解一下澳
門的葡人文化，來一趟知性之旅。

玩家帶路這樣說

1. 龍環葡韻附近有一個十字花園，環境
優美，可以休息一下，拍拍照片。

2. 龍環葡韻對面有一片紅樹林，是孕
育多種生物的搖籃，還可以遙看路
氹城區的大型酒店。

每一座淺綠色建築建築都十分典雅

土生葡人之家的大廳裝潢(©林孟儒)

在6月底、聖誕期間等，在龍環葡韻一帶會舉辦花展，繁花似錦；而在每年10月會在此舉辦「葡韻嘉年華」活動，有許多葡語國家的民俗工藝品及美食攤位，如對文化風俗有興趣的朋友，記得不要錯過！

這裡是澳門很受歡迎的結婚照片拍攝地點，很多新人都愛在充滿歐式風情的宅第前留影，再配合地上的小石路，若不知道還會以為是置身在歐洲呢！

十字花園環境優美

前往方法

1 向公雞葡國餐廳方向走，走出官也街，會見到對面有一巴士站。沿著巴士站右邊的石階直上。

2 可選擇沿上坡路直上，也可選擇自動步行系統方向。

往龍環葡韻及自動步行系統

往嘉模教堂及龍環葡韻

如果是從威尼斯人或銀河方向來，可使用自動步行系統，龍環葡韻的另一入口就在步行系統附近。

由此進入龍環葡韻

自動步行系統

威尼斯人酒店

✉ 望德聖母灣大馬路s/n號 ☎ (853)2882 8888 ⏰ 酒店全日開放，各表演及店家營業時間請見官網 ➡ 15、21A、25、25B、26、26A巴士，連貫公路/巴黎人下車 🌐 hk.venetianmacao.com 🛈 大運河人購物中心地方較大，四通八達，迷路時可以利用酒店的電子螢幕地圖或找工作人員幫忙；賭場禁止未成年人進入 🗺 P.206、207

大運河與周邊的建築典雅迷人

　　這是一間仿照威尼斯的實景而建成的大型度假酒店，除了賭場外，更有大型表演場館、會展中心、購物中心等多種設施。在這裡大家可以看到威尼斯的各個地標，如聖馬可廣場、雷雅托橋、嘆息橋、鐘樓等等，更可以乘坐貢多拉遊船，來趟貢多拉之旅。

　　大運河購物中心是最熱鬧的地方，雲集了多間商店，是個血拼天堂。即使你不

聖馬可廣場的每個角落都仿照威尼斯而建

威尼斯人是全世界第二大的單幢建築(◎林孟儒)

喜歡購物，也必定會被這裡的美麗景色吸引。擬真度極高的小屋、小橋、廣場、街燈，令你如同置身在威尼斯一樣。

還以為自己置身在水都威尼斯呢

Spot 6 午餐：威尼斯人美食中心

✉ ➡ http 同威尼斯人酒店　MAP P.206、207

位於威尼斯購物中心裡面，有數間異國料理可供選擇，像義大利薄餅、韓式料理、日式料理、新加坡料理等。

每到用餐時間，美食中心人潮洶湧，最好避開繁忙時段進餐

前往方法

1 沿著龍環葡韻的花園走去，直至走出花園，會看到自動步行系統。

往自動步行系統　　往嘉模教堂

2 沿著自動步行系統走，直至到達行人天橋。

3 過天橋，下天橋後左轉，不久便會看到威尼斯人的停車場，可在這裡的酒店西翼入口進入威尼斯人酒店。

下天橋後向此方向走

Spot 7

巴黎人酒店

✉ 路氹連貫公路 ☎ (853)2882 8833 ➡15、21A、25、25B、26、26A巴士，連貫公路／巴黎人下車 🌐hk.parisianmacao.com ❓巴黎人和威尼斯人是相通的，可以利用酒店內的通道到達，不用在外邊的路上日曬雨淋，十分舒適便利 🗺P.206、207

巴黎人酒店裡金碧輝煌

巴黎人的內部設計採用了優美的幾何圖案

　　與威尼斯人屬同一集團，規模雖不及威尼斯人大，但整間酒店洋溢著法國的時尚情懷，空間寬敞，可以很舒服地閒逛。

　　來到巴黎人，當然要到它的地標「艾菲爾鐵塔」拍照了，若想拍得全景，需要在酒店大堂外的空地或到對面的金沙城中心拍攝。

前往方法

從威尼斯人前往，酒店裡都有很清楚的指示牌，只要跟著走，便可到達。

巴黎人晚上的夜景也十分浪漫(©林孟儒)

Spot 7

新濠影滙和金沙城中心

新濠影滙 ✉路氹連貫公路 ☎(853)8865 8888 ➡ 15、21A、25、25B、26、26A巴士，連貫公路/巴黎人下車 http www.studiocity-macau.com/tc MAP P.206、207

金沙城中心 ✉路氹連貫公路 ☎(853)2880 2000 ➡ 15、21A、25、25B、26、26A巴士，連貫公路/金沙城中心下車 http hk.sandscotaicentral.com MAP P.206、207

　　新濠影滙是以電影為主題設計的酒店，與新濠天地屬同一集團，新濠影滙擁有蝙蝠俠夜神飛馳、8字摩天輪等遊樂設施，但皆需要付費，除了娛樂設施外，酒店的設計亦很有電影色彩，可以拍照留念。

　　而金沙城中心擁有3間大型酒店，也有大型的購物中心，未來將改建成倫敦人酒店。

金沙城中心位於新濠影滙的對面(©林孟儒)

玩家帶路這樣說

如果時間有限，可在新濠影滙及金沙城中心選擇其一逛逛，然後再前往新濠天地看水舞間。

8字摩天輪是新濠影滙的標誌(©林孟儒)

蝙蝠俠夜神飛馳讓你進行模擬的飛行體驗(©林孟儒)

前往方法 ➡

在巴黎人正門出來，過馬路便是金沙城中心，從巴黎人正門出來右轉前行便是新濠影滙。

新濠天地及水舞間

✉ 路氹連貫公路 ☎ (853)8868 6688 ➡ 15、21A、25、25B、26、26A巴士，連貫公路/新濠天地下車 http www.cityofdreamsmacau.com/tc MAP P.206、207

P.206、207

新濠天地包括迎尚、皇冠及君悅酒店，有多元的設施，如餐飲、名店、童夢天地等。最著名的，便是很多台灣遊

玩家帶路這樣說

請留意水舞間官網的演出時間，為了確保有座位，最好請先訂票。若看17:00的水舞間，可以在看完後吃飯；若是看20:00的水舞間，可先吃晚飯。

前往方法

新濠天地位於威尼斯人的正門對面，走出金沙城中心或新濠影滙，向氹仔方向的公路直走便是。

人來澳門都必看的「水舞間」，投資20億製作，集合了多項高難度表演，令人拍案叫絕。新濠天地內有不少餐廳，可以選擇一間用餐，再去觀賞水舞間。

看完「水舞間」，可以購買周邊紀念品回家收藏(© 林孟儒)

新濠天地位於路氹連貫公路的開端(©林孟儒)

Route 7
路環區
從容僻靜之旅

◉ 路 線 特 色

　　路環位在澳門最南方,被譽為澳門最後的後花園。這裡並不像澳門半島或路冰城一樣商業化開發,而是自然景觀豐富、風景優美,如果時間充裕,想到離島逛逛,感受一下遠離塵囂,拋開煩惱的感覺,很推薦大家走訪這條路線。

　　這裡也能品嘗到澳門著名的葡式蛋撻和正宗的葡國美食,此路線可以看到離島較純樸的另一面,還可以到郊野公園、黑沙海灘親近大自然,並在路環市區感受在大街小巷中遊走的悠閒。

適合的遊人

❶ 喜歡自然和親近動物的人。
❷ 想感受澳門離島純樸風情的人。
❸ 旅遊時間較充裕的人。

適合年齡層

適合親子旅行,成人和小孩都能玩得開心。

玩樂祕技

■ **交通**:此條路線需乘坐巴士的次數較多,且方向皆不同。從澳門坐車到路環市區,要坐路環或黑沙海灘方向的車;從路環市區坐車到石排灣郊野公園,要坐前往澳門方向的車;從石排灣郊野公園往黑沙海灘,要乘坐前往黑沙海灘的車。

■ **玩樂**:除了熊貓館之外,其餘景點都不收門票。

■ **飲食**:葡式蛋撻、各種美味的葡式料理,還有各種燒烤小吃,盡情滿足你的味蕾。預算較充裕者,可享用豐富的葡國餐,預算有限者,可品嘗美味的安德魯三明治。

遊玩散策

這條路線以路環市區、郊野公園及黑沙海灘為主，涵蓋了安德魯餅店、聖方濟教堂等景點。

START！

09:30～10:30
酒店附近吃早餐
1 小時
©林孟儒

11:30～12:30
石排灣郊野公園
15 分鐘

12:45～13:45
安德魯餅店或漢記咖啡
5 分鐘

13:50～14:15
聖方濟教堂及廣場
5 分鐘

14:20～14:45
路環市區
30 分鐘

15:15～17:15
黑沙海灘
5 分鐘

17:20～18:30
法蘭度餐廳

石排灣郊野公園

✉ 路環石排灣大馬路 ☎ (853)2831 5566 🕐 公園開放時間為08:00～18:00；熊貓館開放時間10:00～17:00 💲 公園免費，熊貓館澳門幣10元 ➡ 15、21A、25、26、26A、50巴士，石排灣郊野公園站下車 http www.macaupanda.org.mo 🅼 P.208

體態優雅的火烈鳥

　　澳門並沒有動物園，喜歡動物的朋友可以到石排灣郊野公園參觀，這裡設有大熊貓館、小熊貓館、火烈鳥池，還有梅花鹿、孔雀、環尾狐猴、長臂猿等動物，很適合親子旅行。

想親近大熊貓的話，可以到大熊貓館參觀

　　大熊貓館可說是最受歡迎的展廳，在這裡可以探望熊貓一家：開開、心心和牠們的雙生兒子健健、康康。另外，還可在小熊貓館觀賞動作逗趣可愛的小熊貓，還能順道一遊免費入場的土地暨自然博物館，參觀世上最大的種子、鳥類標本、中華白海豚骨架等等。

前往方法

坐15、21A、25、26、26A或50號巴士，在石排灣郊野公園站下車，公園就在隔壁。

石排灣郊野公園很適合親子旅行

土地暨自然博物館展現農民的生活風貌

Spot 2
午餐：安德魯餅店

✉ 路環市區戴紳禮街1號地下 ☎ (853)2888 2534
🕐 07:00～22:00 ➡ 坐25、26A或50號巴士，路環市區站下車；15或21A號巴士，路環居民大會堂站下車；26號巴士，路環街市站下車 http www.lordstow.com MAP P.208

　　午餐可選擇安德魯餅店或是漢記咖啡。安德魯餅店是澳門著名的葡式蛋撻店，這裡的葡撻又香滑又酥脆，可說是來到澳門，除了豬扒包以外的必吃美食！餅店除了葡撻以外，還有多款三明治可選擇，既可作早餐，亦可作午餐。

前往方法

1 下巴士站後，沿圖裡的指示，過馬路，穿過花園。

2 穿過花園後，再過馬路，便到達安德魯了。

安德魯咖啡

其他午餐選擇

漢記咖啡

位於路環造船廠一帶，以手打咖啡聞名，這裡的咖啡都是手工現打，需手打400下才能製成，充滿誠意，很多澳門居民都特地乘車前來享用。

✉ 路環市區荔枝碗路 ☎ (853)2888 2310 🕐 08:00～18:00 ➡ 同安德魯餅店 MAP P.208

前往方法

1 從安德魯出來右轉，再沿著這方向走至盡頭，再右轉。

2 一直直走，直到走到一個碼頭。

3 經過碼頭後，沿著上坡路一直走，經過幾間船廠後便是漢記。

Spot 3

聖方濟各教堂 及廣場

✉ 路環計單奴街 🕐 10:00～17:00 💲 免費 ➡ 坐26、26A或50號巴士，路環市區站下車；坐16或21A號巴士，路環居民大會堂站下車；或坐26號巴士，路環街市下車 http zh.macaotourism.gov.mo(觀光→教堂→路環聖方濟各聖堂) MAP P.208

教堂的鵝黃色外牆、橢圓形窗戶，是典型的巴洛克式建築。內部的祭壇清雅美麗，牆上還可以找到一幅中國版的聖母抱子畫像，圖中的聖母畫得就像觀音一樣，十分有趣。

教堂前的廣場，鋪砌成葡式石仔路，洋溢著浪漫悠閒的南歐風情。很多居民都喜歡在廣場上休息乘涼，談天說地，令人煩惱盡消。

廣場休閒雅致，淺黃色的小教堂就是聖方濟各教堂

教堂裡的中國式聖母抱子像

前往方法

1 從安德魯咖啡出來後，右轉，見到分岔路，左轉。

2 沿著海邊一直走，大約走100～200公尺後，便可到達。

Spot 4
路環街區散步

✉中街、計單奴街、打纜巷一帶 ➡25、50號巴士，路環市區站下車；26號巴士，路環街市站下車；或15、26A、21A號巴士，路環居民大會堂站下車 MAP P.208

前往方法

從聖方濟各教堂前左邊的小路進入。

沿這小路進去，便是路環市區

路環市區地方不大，大約半小時便能走完，這裡有很多橫街窄巷，每個角落都充滿恬靜安寧，遊走其中，有著遠離塵囂的感覺。

澳門很多有趣的街名都集中在路環市區，大家可以找到賊仔圍、肥胖圍、美女巷等等有趣的街名，在市區散步時，不妨來一次尋找有趣街名之旅！而海邊的大路亦是著名韓劇《宮・野蠻王妃》的拍攝場景，粉絲一定要來朝聖喔！

TRAVESSA DO PENACHO

1

TRAVESSA DAS LINDAS

2

AZINHAGA DOS PIRATAS

3

4
5

1.2.3.在路環市區可找到不少有趣街道名字／**4.**韓劇《宮・野蠻王妃》也曾經在路環圖書館取景／**5.**路環市區的小巷充滿了樸實的氣息，在巷弄中穿梭，體驗當地居民的純樸生活

Spot 5

黑沙海灘

✉ 路環南端 ⏰ 全日開放 $ 免費 ➡ 15、21A、26A巴士，黑沙海灘站下車 🗺 P.208

黑沙和竹灣是澳門兩個著名海灘，竹灣較幽靜，但地勢複雜，不太適合不熟地形的泳客。如果想游泳或是到海灘漫步的話，推薦來黑沙海灘。這裡風景怡人，陣陣海風吹來，十分舒適寫意，也是澳門八景之一。

黑沙海灘的最大特點是沙粒都是黑色的，看上去整個沙灘是黑黝黝的一片，顏色十分特別。海灘外面有多個燒烤攤檔，食物香氣誘人，有興趣的不妨試試看！

美味的燒烤，令人垂涎三尺

可以在海灘上漫步，吹吹海風，因為沙粒是黑色的，所以又稱為黑沙海灘

黑沙海灘入口有很多燒烤攤，肥佬燒烤的人氣較旺

晚餐：法蘭度葡國餐廳

✉黑沙海灘9號 ☎(853)2888 2264 🕐12:00～21:30 ➡15、21A、26A巴士，黑沙海灘站下車 MAP P.208

澳門的葡國餐廳很多，但說到口味最接近葡國的，當數法蘭度葡國餐廳，這裡的消費屬於中上，提供多款充滿葡國風情的特色料理，其中大力推薦他們的葡式烤乳豬，非常香脆可口。

法蘭度是十分道地的葡國餐廳，烤乳豬嘗起來香脆可口

前往方法

1 從市區回到市中心的小花園。

2 經過小花園後，沿這個方向走。

另一巴士站，可在此坐車回澳門市區

3 會到達路環居民大會堂車站，在此坐26A或21A巴士前往黑沙海灘。

巴士站

前往方法

走出黑沙海灘後，右轉，前行約50公尺左右，即是法蘭度葡國餐廳了。

法蘭度餐廳

每天只花100元遊澳門

雖然澳門的物價比台灣高，但其實很多景點都是免費，交通費也便宜，而且只要不是光顧那些旅遊旺區的食店，去地道的食店享用美食，也可以有限預算暢遊澳門呢！現在為大家介紹一下如何每天只花100元玩遍澳門！

吃得便宜

早餐

玫瑰咖啡室

特色美食：豬扒包、辣魚公仔麵、芝士(即起司)蛋白餐包

✉士多鳥拜斯大馬路23號地下 ◷07:00～18:00 MAP P.204

青洲灶記咖啡

特色美食：西多士、花生奶粒粒厚多士、豬扒麵

✉巴波沙總督街18號地鋪 ◷07:00～19:00 MAP P.206

馬慶康

特色美食：番茄牛肉通粉

✉俾利喇街65號A ◷07:30～16:30 MAP P.204

光輝咖啡室

特色美食：各式撈麵(拌麵)

✉賈伯樂提督街33號C ◷07:00～14:30 MAP P.204

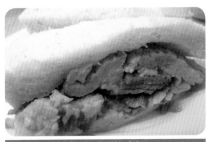

南屏雅敘

特色美食：沙翁、蛋治

✉十月初五街85～85A號地下 ⊙06:30～18:00
(逢1日及15日休息) ᴹᴬᴾP.205

盛記白粥

特色美食：蛋散、九層糕、咸粥、炸腸
(即腸粉裡是油條)

✉天通街14號雅緻大廈地下 ⊙07:00～19:00 ᴹᴬᴾ
P.203

滄洲咖啡小食

特色美食：老婆餅、蛋撻、海鮮批

✉十月初五街55號A ⊙07:00～18:00 ᴹᴬᴾP.205

彪記腸粉

特色美食：腸粉、燒賣、粽、白粥

✉賈伯樂提督街8號A ⊙06:00～14:00 ᴹᴬᴾP.204

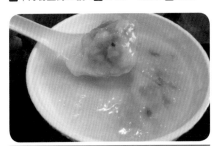

成記粥品

特色美食：肉丸粥

✉營地大街吳家圍 ⊙只在早上營業 ᴹᴬᴾP.202、
203

潮豐麵家

特色美食：炒鴛鴦、廣東粥

✉柯高街32號地鋪 ⊙早上至中午 ᴹᴬᴾP.204

沛記咖啡室

特色美食：激仔(牛油蛋糕)

✉官也街25號地下 🕐08:00～18:00 🗺P.206

午餐

平記美食

特色美食：煲仔飯

✉營地街市綜合大樓3樓 🕐07:30～18:00 🗺
P.202

三俠潮越美食

特色美食：扎肉麵、紫菜蠔仔米(海苔
蚵仔米粉)

✉賈伯樂提督街11號地下 🕐06:30～18:00 🗺
P.204

金城食店

特色美食：雙汁米粉、雙汁麵(兩種醬
汁，一辣一不辣)

✉爹利仙拿姑娘街16-20號佳美大廈地鋪 🕐
06:30～13:30(週一休息) 🗺P.204

新肥仔記咖啡美食

特色美食：牛筋牛丸米粉

✉風順堂街14號 🕐06:00～17:30 🗺P.203

園林小食店

特色美食：生牛肉湯麵

✉三盞燈飛能便度街25號B 🕐07:30～20:30 🗺
P.205

喜蓮咖啡

特色美食：豬扒麵、紅豆冰、牛尾湯通粉

✉ 飛能便度街南龍花園地下B84號 🕐07:00～20:00 🅼P.206

清邁美食

特色美食：海南雞飯

✉ 巴冷登街10B號合德大廈地下 🕐08:30～15:00、18:00～22:30 🅼P.205

晚餐

椿記粥品

特色美食：鮑汁糯米雞、拆魚粥

✉ 爹利仙拿姑娘街2號 🕐19:00～04:00 🅼P.204

蕃茄屋美食

特色美食：崩砂牛腩飯、亞里巴巴雞扒飯

✉ 連安後巷富安大廈4號及6號地下 🕐11:30～15:30、18:00～22:00 🅼P.202

大堂街炸雞

特色美食：炸雞

✉ 大堂街14號A、B鋪地下 🕐11:00～21:00 🅼P.202

雅麗娜葡式茶餐廳

特色美食：免治豬肉飯

✉ 美副將大馬路6號牧羊巷27號鋪 🕐12:30～15:00、18:00～22:30 🅼P.204

點心

發嫂養生磨房

特色美食：芝麻糊、芝麻糕、桂花糕

✉ 公局新市西街18〜18A萬景樓地下 🕐09:00〜
21:30 🅜P.202

禮記雪糕

**特色美食：懷舊香蕉船、雪糕(冰淇淋)
三文治**

✉ 肥利喇亞美打大馬路12號(荷蘭園大馬路) 🕐
12:00〜19:00 🅜P.204

勤記甜品

特色美食：紅豆粥、綠豆沙、芝麻糊

✉ 沙梨頭海邊街沙梨頭海邊巷10號 🕐15:00〜
01:00 🅜P.202

大堂巷雞蛋仔

特色美食：雞蛋仔、香蕉糕、夾餅

✉ 大堂巷時代停車場門口 🕐只在早上營業 🅜
P.202

恆友魚蛋

特色美食：咖哩魚蛋

✉ 大堂巷12C號地下 🕐10:00〜00:00 🅜P.202

保健牛奶公司

特色美食：燉奶、燉蛋

✉ 福隆新巷4號 🕐12:30〜20:30 🅜P.202

小上海

特色美食：鍋貼、生煎包

✉賣草地街3號 🕙11:00～22:30 MAP P.202

馮記豬腳薑

特色美食：豬腳薑

✉飛能便度街19號嘉樂花園 🕙09:30～20:00 MAP P.201、205

永樂碗仔翅

特色美食：碗仔翅

✉大纜巷永樂戲院旁 MAP P.205

何開記

特色美食：甜豬腸粉與各式中式糕點

✉風順堂街13號35 R.豐明大廈 🕙07:00～17:00 MAP P.203

張姐記食坊

特色美食：紅豆糕與各式中式糕點

✉柯高街30號 🕙06:30～18:30 MAP P.204

吳廷記

特色美食：冷糕、紅豆餅

✉下環街15號地鋪 🕙09:00～17:30 MAP P.203

玩得免費

澳門的名勝景點大多數都是免費、不收門票的，大家可以盡情暢遊，要玩得便宜根本毫無難度！

澳門歷史城區

所有被列入澳門歷史城區的建築，都是免費入場，而且部分如鄭家大屋還提供免費導賞服務。

http www.wh.mo/cn/site

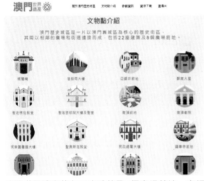

澳門世界遺產共有22座建築及8個廣場前地，官網上可看到簡介

教堂及廟宇

所有教堂和廟宇都不設入場費用，但部分教堂及廟宇只在特定時間開放。

公園及休憩場所

澳門的所有公園，包括漁人碼頭主題樂園都是免費的，大家走累了可以進去休息一下喔！

酒店免費秀

雖然水舞間、西遊記、8字摩天輪、蝙蝠俠夜神飛馳等要收費，但像是永利皇宮的表演湖，永利澳門酒店的表演湖、富貴龍、吉祥樹等表演都是免費觀看的！

免費伴手禮試吃

許多伴手禮店都提供試吃，即使什麼也不買，只要從頭至尾街道走一遍，便能嘗遍杏仁餅、豬肉乾、蛋卷、花生糖、葡式曲奇餅等澳門的特色伴手禮。

博物館

澳門有許多免費入場的博物館可以參觀，部分需要收費的博物館，費用也不會很高。

· 土地暨自然博物館

✉路環石排灣郊野公園裡

🕐10:00～17:00(週一休息)

$ 全年免費入場

http nature.iacm.gov.mo(設施→教育設施→土地暨自然博物館)

MAP P.208

· 天主教藝術博物館與墓室
🖂 大三巴牌坊後面

🕑 09:00～18:00，17:30停止入場(週二下午休息)

$ 全年免費入場

http www.icm.gov.mo/cn/StPaul

MAP P.201、202

· 聖物寶庫
🖂 玫瑰堂側

🕑 10:00～18:00

$ 全年免費入場

http www.macaumuseum.gov.mo (參觀→相關場館→玫瑰堂及聖物寶庫)

MAP P.201、202

· 典當業展示館
🖂 新馬路396號

🕑 10:30～19:00(每月首週一休息)

$ 全年免費入場

http www4.icm.gov.mo/pawnshop/Pawn TrdChi.html

MAP P.201

· 澳門博物館
🖂 博物館前地112號

🕑 10:00～18:00，17:30停止售票(週一休息)

$ 澳門幣15元，12歲以下及65歲以上免費；逢週二及每月15日免費開放

http www.macaumuseum.gov.mo

MAP P.201、202

· 消防博物館
🖂 連勝馬路2～6號

🕑 10:00～18:00

$ 全年免費入場

http www.fsm.gov.mo/CB/cbmuseum

MAP P.201、205

· 海事博物館
🖂 媽閣廟前地1號

🕑 10:00～18:00，17:30停止入場(週二休息)

$ 成人：澳門幣10元(週一～六)、澳門幣5元(週日)；10～17歲：澳門幣5元(週一～六)、澳門幣3元(週日)；10歲以下、65歲以上：免費

http www.museumaritimo.gov.mo

MAP P.201

· 通訊博物館
🖂 馬交石砲台馬路7號

🕑 09:00～17:30(公眾假期休息)

$ 澳門幣10元，3歲以下免費

http macao.communications.museum

MAP P.201、204

· 路氹歷史館
🖂 氹仔告利雅施利華街

🕑 10:00～18:00，17:30停止入場(週一休息)

$ 全年免費入場

http www4.icm.gov.mo/cotaimuseum

MAP P.206

· 澳門茶文化館
🖂 荷蘭園大馬路盧廉若公園內

🕑 09:00～19:00(週一休息)

📶 全年免費入場

🔗 www4.icm.gov.mo/teamuseum

🗺 P.204

· 龍環葡韻
📧 氹仔海邊馬路

🕐 10:00～19:00，18:30停止入場(週一休息)

📶 全年免費入場

🔗 www.icm.gov.mo/cn/housesmuseum

🗺 P.206

· 回歸賀禮陳列館
📧 新口岸冼星海大馬路237～285號

🕐 10:00～19:00，18:30停止入場(週一休息)

📶 全年免費入場

🔗 www.icm.gov.mo/handovermuseum

🗺 P.201、203

· 藝術博物館
📧 新口岸冼星海大馬路

🕐 10:00～19:00，18:30停止入場(週一休息)

📶 全年免費入場

🔗 www.mam.gov.mo

🗺 P.201、203

· 林則徐紀念館
📧 罅些喇提督大馬路蓮峰廟旁

🕐 09:00～17:00(週一休息)

📶 澳門幣5元；8歲以下、65歲以上澳門幣3元

🔗 zh.macaotourism.gov.mo(觀光→博物館及展覽廳→澳門林則徐紀念館)

🗺 P.201

· 澳門保安部隊事務局大堂陳列品展覽廳
📧 兵營斜巷澳門保安部隊事務局

🕐 09:00～17:00

📶 全年免費入場

🔗 www.fsm.gov.mo/dsfsm/cht(選「博物館」)

🗺 P.203

· 澳門科學館
📧 孫逸仙大馬路

🕐 10:00～18:00，17:30停止售票(週四及農曆年除夕休息)

📶 展覽中心：澳門幣25元，11歲或以下、65歲或以上澳門幣15元，2歲以下幼童免費(展覽中心每年於特定日期免費入場，詳情見官網)；
天文館(2D)：澳門幣60元，11歲以下、65歲以上澳門幣20元，2歲以下幼童免費(不占座位及3D眼鏡)；
天文館(3D)：澳門幣80元，11歲以下、65歲以上澳門幣30元，2歲以下幼童免費(不占座位及3D眼鏡)

🔗 www.msc.org.mo

🗺 P.201、203

· 國父紀念館
📧 文第士街1號

🕐 10:00～17:00(週二休息)

📶 全年免費入場

🔗 zh.macaotourism.gov.mo(觀光→博物館及展覽廳→澳門國父紀念館)

🗺 P.201、204

· 澳門大熊貓館

- ✉ 石排灣郊野公園裡
- 🕙 10:00～13:00、14:00～17:00，最後入館時間為16:45(週一休息)
- 💲 澳門幣10元，12歲以下或65歲以上免費
- http www.macaupanda.org.mo
- MAP P.208

· 同善堂歷史檔案陳列館

- ✉ 庇山耶街55號 (典當業展示館後面)
- 🕙 09:30～17:30(週二休息)
- 💲 全年免費入場
- http www.tst.org.mo
- MAP P.202

· 澳門基本法紀念館

- ✉ 新口岸畢仕達大馬路
- 🕙 10:00～19:00(週一休息)
- 💲 全年免費入場
- http civicedu.iacm.gov.mo
- MAP P.203

走得節省

巴士費用低廉

在澳門遊玩的一大好處是交通費用不多，澳門沒有地鐵，也沒有電車，主要以巴士為主，而巴士的收費，比起其他地方算是低廉，即使不買澳門通，巴士的車費也是一律6元，如果擁有澳門通就更便宜了，每一程只需要3元澳門幣！而坐X線(即快線)，使用澳門通則需要4元澳門幣。

從機場可搭巴士前往市區，費用一律6元

善用澳門通轉乘優惠

只要使用澳門通，在45分鐘內可以享有免費的轉車優惠，例如想從新馬路前往旅遊塔，可以先坐3、3A、10、10A巴士，在亞馬喇前地站下車，在45分鐘內轉乘9A、23、32號巴士，在澳門旅遊塔站下車，車資完全免費。因為澳門的巴士收費已取消了分區收費，即使是乘坐離島線，也可以免費轉乘，不需要另外收費，十分方便。

散策步行

澳門的地方很小，若不是來往不同的地區，可以不坐巴士，嘗試步行，一來可以省卻坐巴士的車資，二來也可穿梭大街小巷，感受一下真正的澳門風情！

交通祕技
Transportation

巴士跟步行是澳門旅遊最常使用的交通方式。

（©林孟儒）

巴士站　澳門機場

| 26 | 51A | | |

澳門巴士和台灣公車有何不同

澳門的巴士系統和台灣的不太相同，因許多台灣遊客來到澳門，都會覺得澳門的巴士很難使用。只要了解了中間的不同之處，就可以利用巴士，在澳門輕鬆出遊了！

巴士路線

台灣多雙行，澳門多單行

　　台灣公車的去程和回程都會經過相同的地點，也就是說，只要在下車點的對面，通常會找到回程的車站；但澳門因為許多道路是單行線，巴士的去程和回程相經過的地方是不一樣的，也就是說，若想坐回程的車，到下車點對面找車站這方法是行不通的。下車點的附近未必會有車站，就算有車站也未必有要坐的巴士經過，所以要找回程的車，需要先做好功課，或上「澳門公共巴資訊站」查閱。

收費方式

台灣為分段，澳門統一價

　　澳門的巴士收費標準跟台灣不同，台灣是分段收費的，而澳門則是統一價格。不論你從哪一區上車，坐了多少站，所收取的費用都是一樣的。投幣一律6元，若是使用澳門通刷卡，搭普通線一律3元，搭X快線一律4元。付費方式一律是上車投幣或刷卡，下車時則不用再投幣或刷卡。

巴士號碼

台灣多數字，澳門含英文

　　澳門的部分巴士號碼，包含了英文字母及數字作為區分。

開頭為A：前往機場的巴士

開頭為H：前往醫院的巴士

錢箱是不找零的，請自備好零錢

開頭為MT：來往澳門及氹仔的巴士

開頭為N：夜間巴士

結尾為X：快線巴士

結尾為A、B、C：副線巴士

結尾為AX：直達快速巴士，限時運行

結尾為B的巴士是副線巴士

如何找到
要坐的巴士及車站位置

結合Google Maps及「澳門公共巴資訊站」

因為澳門的巴士去程與回程所經過的站點並不一樣，造成了很多遊客在坐巴士時感到十分迷惘困擾，但其實只要結合了Google Maps及「澳門公共巴士資訊站」，便能輕鬆查到你要坐的巴士及車站的位置了，以下會舉一些例子，跟大家分享如何使用這兩個好用的網站。

例子1：從新新酒店前往威尼斯人度假酒店

STEP 1 利用Google Maps找出發地附近車站

先找新新酒店附近的巴士車站。

 www.google.com.tw/maps

Step1 在搜尋處鍵入「新新酒店」。

Step2 找出新新酒店附近的巴士站。

Step3 把滑鼠移到巴士站標誌上，會顯示出巴士站名及經過的巴士。

Step4 利用本書的「澳門主要車站」(請見P.123)或上網至「澳門公共巴士資訊站」，選擇「巴士路線查詢」中的「巴士分區資料」，找出司打口站屬於澳門新馬路區。

澳門公共巴士資訊站網址

 www.dsat.gov.mo/bus

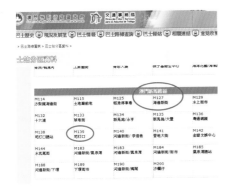

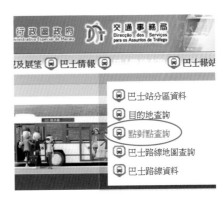

▸ 巴士站候選資料 / 巴士站分區資料 ▸

STEP 2　找出可到達目的地的車站

使用Google Maps或本書的「澳門主要車站」(請見P.123)，找出可前往威尼斯人的車站。

先在搜尋處輸入「威尼斯人度假酒店」，把滑鼠移至巴士站標誌，會顯示出巴士站名及會經過的巴士。就圖中所見，威尼斯人附近有一個巴士站「連貫公路/新濠天地」。

利用本書的「澳門主要車站」(請見P.123)或打開「澳門公共巴士資訊站」中的「巴士分區資料」，找出這車站屬於路氹填海區。

STEP 3　使用點對點查詢

打開「澳門公共巴資訊站」網站，並打開「巴士路線查詢」中的「點對點查詢」。

http www.dsat.gov.mo/bus

- 巴士站分區資料
- 目的地查詢
- 點對點查詢
- 巴士路線地圖查詢
- 巴士路線資料

STEP 4　輸入出發地及目的地的地區及站名。

Step1　輸入出發地：新馬路區，司打口站。

Step2　輸入目的地：路氹填海區，連貫公路/新濠天地站。

Step3　然後按「查詢」。

STEP 5　看可坐的巴士及乘坐方法

查看到需要坐MT4，在司打口站上車，在蓮花圓形地-1下車，再步行約100公尺可到達。

例子2：從大三巴牌坊前往三盞燈

STEP 1　找出出發地與目的地車站

如前面例子，利用Google Maps找出大三巴牌坊及三盞燈附近的巴士站。根據本書的「澳門主要車站」(請見P.123)，找出能前往大三巴牌坊的巴士站包括新馬路/大豐站及新馬路/永亨站(位於新馬路區)。三盞燈附近的巴士

站為高士德/亞利鴉架街站(位於市中心區)。

STEP 2　使用點對點查詢

在「澳門公共巴士資訊站」查詢點對點的巴士資料。

Step1　輸入出發地：澳門新馬路區新馬路/大豐站。

Step2　輸入目的地：澳門市中心高士德/亞利鴉架街站。

Step3　然後按「查詢」。

STEP 3　找到可坐巴士

查到的結果是，可坐5號巴士。

認識澳門主要車站

在這一篇裡，會和大家一起看看澳門每個分區，其主要車站以及可以到達的景點。

澳門東北區

🚏 關閘總站

因風災受到破壞，關閘總站暫時停用，將於2019年重開，各巴士的總站已遷往原總站附近一帶，詳情可留意當局最新通告。 http www.dsat.gov.mo

📷 前往地點：內地拱北

🚌 經過巴士：1、3、3A、5、9、9A、10、10A、10B、16、17、18、25、25F、25B、27、28C、30、34、AP1

澳門市中心區

🚏 提督馬路/雅廉訪

📷 前往地點：三盞燈、紅街市及新橋市集、高士德一帶、雅廉訪一帶

🚌 經過巴士：1、3、3X、4、8、8A、9、9A、16、17、26、26A、28C、32、33

🚏 高士德/亞利雅架街

📷 前往地點：三盞燈、紅街市及新橋市集、高士德一帶、雅廉訪一帶、富華酒店、高士德別墅

🚌 經過巴士：5、9、9A、25、25B

🚏 高士德/紅街市

📷 前往地點：三盞燈、紅街市及新橋市集、高士德一帶、雅廉訪一帶、富華酒店

🚌 經過巴士：6A、23、32

🚏 盧廉若公園

📷 前往地點：盧廉若公園、東望洋燈塔(需步行至二龍喉公園，從二龍喉公園門口坐纜車前往)

🚌 經過巴士：2、2A、5、9、9A、12、16、22、25、25B、28C

🚏 塔石廣場

📷 前往地點：雀仔園及水坑尾一帶、塔石廣場、皇都酒店

🚌 經過巴士：2、4、7、18A、19

🚏 白鴿巢前地

📷 前往地點：白鴿巢公園及東方基金會會址、十月初五街、戀愛巷、大三巴牌坊

🚌 經過巴士：8、18、18A、19、26

🚏 觀音堂

📷 前往地點：觀音堂、勝利別墅、玉珠公寓、螺絲山公園

🚌 經過巴士：12、17、18、23、28C

1844年中美雙方在觀音堂內簽訂望廈條約

新馬路區

🚇 水坑尾街

📷 **前往地點**：議事亭前地 (民政總署、仁慈堂、營地街市、玫瑰堂)、盧家大屋、主教座堂、大三巴牌坊、戀愛巷、哪吒廟、澳門博物館、大炮台、雀仔園及水坑尾一帶、鎮興酒店

🚌 **經過巴士**：2、2A、5、7、7A、8、9、9A、12、16、22、25、25B

🚇 新馬路/永亨

📷 **前往地點**：議事亭前地(民政總署、仁慈堂、營地街市、玫瑰堂)、盧家大屋及主教座堂、大三巴牌坊、戀愛巷、哪吒廟、澳門博物館、大炮台、新中央酒店、京都酒店

🚌 **經過巴士**：3、4、6A、18A、19、26A、33

🚇 新馬路/大豐

📷 **前往地點**：議事亭前地 (民政總署、仁慈堂、營地街市、玫瑰堂)、盧家大屋及主教座堂、大三巴牌坊、戀愛巷、哪吒廟、澳門博物館及大炮台、新中央酒店

🚌 **經過巴士**：2、3、3A、3X、5、7、10、11、18、21A、26A、33

🚇 金碧文娛中心

📷 **前往地點**：十六浦索菲特酒店、新新酒店、澳萊英京酒店、澳萊大三元酒店、福隆新街、崗頂前地一帶

🚌 **經過巴士**：2、3A、5、7、10、10A、11、21A

🚇 栢港停車場

📷 **前往地點**：十六浦索菲特酒店、新新酒店、澳萊英京酒店、澳萊大三元酒店

🚌 **經過巴士**：1、3、4、8A、18A、19、26、26A、33

🚇 十六浦

📷 **前往地點**：十六浦索菲特酒店、新新酒店、澳萊英京酒店、澳萊大三元酒店

🚌 **經過巴士**：1、3、3X、4、6A、8A、18A、19、26、26A、33、MT4

🚇 司打口

📷 **前往地點**：十六浦索菲特酒店、新新酒店、澳萊英京酒店、澳萊大三元酒店、下環街市

🚌 **經過巴士**：1、2、5、6B、7、10、10A、11、16、21A、26、55、MT4

東望洋山及荷蘭園區

🚇 二龍喉公園

📷 **前往地點**：從二龍喉公園門口坐纜車，前往東望洋燈塔

🚌 **經過巴士**：2、2A、6A、12、

17、18、18A、19、22、23、25、25B、32

🚏 塔石體育館

📷 前往地點：塔石廣場、雀仔園及水坑尾一帶、皇都酒店

🚌 經過巴士：2A、7A、8、8A、9、9A、12、18、22、25、25B

🚏 水坑尾/方圓廣場

📷 前往地點：議事亭前地（民政總署、仁慈堂、營地街市、玫瑰堂）、盧家大屋及主教座堂、大三巴牌坊、戀愛巷、哪吒廟、澳門博物館、大炮台、雀仔園及水坑尾一帶

🚌 經過巴士：2、4、7、18、19

🚏 水坑尾/公共行政大樓

📷 前往地點：議事亭前地（民政總署、仁慈堂、營地街市、玫瑰堂）、盧家大屋及主教座堂、大三巴牌坊、戀愛巷、哪吒廟、澳門博物館、大炮台、雀仔園及水坑尾一帶、鎮興酒店、皇都酒店

🚌 經過巴士：2A、7A、8、8A、9、9A、12、18、22、25、25B、H1

南灣區

🚏 殷皇子馬路

📷 前往地點：葡京及新葡京酒店、永利澳門酒店、星際酒店、美高梅金殿酒店

🚌 經過巴士：3、3A、3X、10、10A、10B、11、21A、26A、33

🚏 中區/殷皇子馬路

📷 前往地點：葡京及新葡京酒店、永利澳門酒店、星際酒店、美高梅金殿酒店

🚌 經過巴士：2、3A、5、7、8A、10、10A、11、21A、26A、33

🚏 亞馬喇前地

📷 轉車中心點，可轉車前往：
■旅遊塔(可坐9、9A、23、32)
■氹仔(可坐11、22、33、MT1、MT2)
■路氹城區(可坐21A、25、25B、26A)
■路環(可坐21A、25、26A)
■外港碼頭(可坐3、3A、10、10A、28A)
■機場(可坐MT1)

🚌 經過巴士：2A、3、3A、3X、5X、7A、8、8A、9、9A、10、10A、10B、10X、11、12、21A、22、23、25、25B、26A、28A、28BX、28C、32、33、39、50、50X、H1、MT1、MT2

🚏 區華利前地

📷 前往地點：新八佰伴、京都酒店

🚌 經過巴士：6B、9、9A、18、23、28B、32

澳門旅遊塔

前往地點：澳門旅遊塔

經過巴士：9A、18、23、26、32、MT4

旅遊塔/行車隧道

前往地點：澳門旅遊塔

經過巴士：26、MT4

西望洋山/媽閣區

媽閣廟

前往地點：媽閣廟、海事博物館、港務局大樓、鄭家大屋一帶

經過巴士：1、2、5、6B、7、10、10A、11、18、21A、26、28B、MT4

風順堂街

前往地點：聖老楞佐教堂、聖若瑟修院、鄭家大屋、亞婆井前地、港務局大樓

經過巴士：9、16、18、28B

濠璟酒店

前往地點：主教山、濠璟酒店

經過巴士：9、16

新口岸及外港新填海區

外港碼頭

前往地點：香港(坐船前往)。

經過巴士：1、3A、3、3A、10、10A、

10B、12、28A、28B、28BX、32、AP1

澳門科學館

前往地點：澳門科學館

經過巴士：3A、8、10A、12

澳門文化中心

前往地點：觀音像、澳門科學館、澳門文化中心、藝術博物館及回歸賀禮陳列館、美高梅金殿酒店

經過巴士：3A、8、10A、12、17

新口岸/澳門文化中心

前往地點：觀音像、澳門科學館、澳門文化中心、藝術博物館及回歸賀禮陳列館、美高梅金殿酒店

經過巴士：3A、8、10A、12

孫逸仙大馬路/金沙

前往地點：金沙娛樂場、漁人碼頭

經過巴士：3A、8、10A、12、17

旅遊活動中心

前往地點：利奧酒店、金蓮花廣場、漁人碼頭

經過巴士：1A、3、10、10B、10X、23、28A、28B、28BX、28C、32

仙德麗街

前往地點：星際酒店、永利澳門酒店、美高梅金殿

經過巴士：3A、8、10A、12、23

冰仔市中心區

冰仔官也街

前往地點：官也街、路冰歷史館、龍環葡韻、嘉模教堂

經過巴士：11、15、22、28A、30、

嘉模教堂是冰仔唯一的天主教堂

澳門運動場

前往地點：澳門運動場、澳門奧林匹克游泳館、君怡酒店、駿景酒店

經過巴士：25、25B、26A、35、MT1、MT2、MT3、MT4

聖母灣區

望德聖母灣馬路/軍營

前往地點：銀河及百老匯酒店、威尼斯人、官也街、龍環葡韻(使用自動步行系統前往)

經過巴士：25、25B、26A、35、MT1、MT2、MT3

望德聖母灣馬路/紅樹林

前往地點：銀河及百老匯酒店、威尼斯人、官也街、龍環葡韻(使用自動步行系統前往)

經過巴士：25、25B、26A、35、MT1、MT2、MT3

路冰填海區

連貫公路/巴黎人

前往地點：威尼斯人、巴黎人、四季酒店、新濠天地、新濠影滙、金沙城中心

經過巴士：15、21A、25、25B、26、26A

連貫公路/新濠天地

前往地點：威尼斯人、巴黎人、四季酒店、新濠天地、新濠影滙、金沙城中心

經過巴士：15、21A、25、25B、26、26A

路環

石排灣郊野公園

前往地點：石排灣郊野公園

經過巴士：15、21A、25、26、50

路環市區

前往地點：路環市區、聖方濟各教堂、安德魯餅店

經過巴士：15、21A、25、26、26A、50

黑沙海灘

前往地點：黑沙海灘、黑沙公園、鷺環海天度假酒店

經過巴士：15、21A、26A

如何搭巴士遊澳門

澳門並沒有地鐵，輕軌也尚未通車，公共交通仍然以巴士為主，澳門地方雖小，但要來往某些地區還得靠車輛代步，所以要在此遊玩，坐巴士是無可避免的。

搭乘巴士注意事項

留意巴士方向

在找巴士站時，記得留意巴士的行駛方向，在巴士站會有站牌，告訴乘客巴士的行駛方向，而巴士的前方有跑馬燈，清楚說明是往哪個方向。留意方向是非常重要的！因為澳門巴士去程的路線和回程不一樣，也就是說，若坐錯了車，打算在下車點對面坐相反方向的巴士便可回去，這做法是行不通的！

每部巴士車頭都有牌子，說明行車方向

招巴士時

只要舉手示意便可，若巴士上人太多，司機有可能會不停站，所以要避開上、下班，及上學、放學的尖峰時段。

上巴士時

請從前門上車，若是使用澳門通，只需在讀卡機上刷卡便可。若是使用現金，則需要在投幣箱投幣。澳門的巴士是不設找零的，所以需要準備好零錢。此外，巴士收費也接受港幣，但新台幣則不接受。

刷卡機使用方式跟台灣一樣

坐巴士時

盡量坐在巴士前面的位置，可以留意到電子螢幕的報站顯示，若站在後方，則需要聆聽報站聲。巴士到站之前，巴士上都有清楚的語音及螢幕報站，報站語言包括廣東話、普通話、葡語及英語。只需要在上巴士前知道自己下車的站名、聽著報站系統指示下車便可。

電子螢幕會顯示下一個站是哪一站

下巴士時

若要下車,請提早按鐘示意,下車時請使用後門。跟台灣的巴士不同,澳門的讀卡機是一次性讀卡,不是以坐車的

要下巴士時,需要按鈴示意

距離計算,所以在下車時,是不用再刷一次卡的。

如何知道在哪裡下車

澳門的巴士都有報站系統,加上現今科技發達,即使不依靠報站系統,也可以通過手機的GPS知道在哪裡下車,所以要在澳門坐巴士,其實只要先做好功課,再照著以下的步驟做並不困難。

STEP 1 利用Goole Maps找出目的地站名

先找出離目的地較近的巴士站名字,可以利用Google Maps的功能,鍵入目的地,再找到附近的巴士站。

STEP 2 站在看得到前方螢幕的位置

上巴士時盡量站在較前面的位置,以方便看到報站的螢幕。如果人太多,看不到也不要緊,因為報站系統是有普通話語音的,只要留意著巴士上的廣播便可以了。

盡量選擇站在看到的前成電子螢幕的地方

旅遊小叮嚀 巴士也有博愛座

澳門的巴士分為3間巴士公司,但都可以用澳門通自由搭乘。跟台灣的公車一樣,澳門巴士也設有博愛座,通常是紅色的座位,大家坐車時也需留意喔!

旅遊小叮嚀 開啟GPS定位,留意目的地

因為澳門有些巴士司機會漏了報站,所以單依靠報站系統並不完全可靠,建議在上車前先打開手機的GPS定位功能,一邊坐車,一邊留意跟目的地的距離,在快要到達目的地時便按鈴示意下車。

澳門悠遊卡：澳門通

澳門通是澳門的一種交通卡，相當於台灣的悠遊卡和香港的八達通。澳門通的用途很多，也有很多折扣優惠，以下為大家介紹一下。

http www.macaupass.com

要購買哪種版本？

澳門通有很多版本，有些有自動加值功能，多數是本地居民購買，旅客只需要買普通版(不記名卡)便可。

在哪裡購買？

可以在便利商店(7-11以及OK)、超市(來來、順客隆、美式連鎖、新花城及泰豐)、新新酒店、澳門通分行等地方購買。

7-11可以買到澳門通

如何加值？

- **現金加值：**用現金在加值地點加值。
- **自動加值：**申請「永亨澳門通信用卡」，使用「澳門通MP CLUB卡」(多數是居民使用，遊客不會購買)時可享自動加值服務。

- **銀聯卡加值：**在指定地點可使用澳門通跨境公交閃付卡、華通商旅系列儲值卡等加值。

在哪裡加值？

- **便利商店：**盛利、OK、7-11、SUPER。
- **超市：**來來、新苗、利豐、宏基、新花城、新昌棧、順客隆。
- **停車場：**栢濤、栢佳、栢港、栢寧、栢蕙、栢麗、藝園、關閘彩虹、馬六甲、栢威。
- **公共機構：**澳門電訊、澳門科學館、鏡湖醫院、澳門城市大學、澳門旅遊學院、澳門科技大學、永樂戲院、澳門通分行。
- **私人機構：**喜蓮咖啡、澳門中國國際旅行社、星光書店。

有什麼作用？

1. 可以用來付巴士費用(投幣6元，使用澳門通普通線3元，X快線4元，45分鐘內免費轉乘1次)，既可享用折扣，也不用為準備零錢而煩惱。
2. 也可以使用在一些餐廳、伴手禮商店、紀念品商店等地點進行付費。詳情見：www.macaupass.com/category/application

如何搭的士遊澳門

除了巴士和賭場免費接駁車外，計程車可說是在澳門遊玩最常用到的交通工具。澳門的計程車稱為「的士」，比起一些地方如日本，並不算昂貴，只是在使用時需要留意一些事項。

的士類型

分為兩種，在街上可以招到的的士及電召的士(只可以用電話叫車、不能隨意在街上攔截到)。

電召的士(©林孟儒)

一般的士(©林孟儒)

的士好招嗎

一般來說，在各大口岸、賭場、熱門景點及大型酒店要攔車並無難度，但在一些較少人的景點，或是市區的其他地方，要攔車並不容易。如果真的攔不到車，大家可以試試撥打電召的士電話(2881-2345)碰碰運氣，看看有沒有計程車可以為你服務。但不一定有車，因為到現在為止，電召的士的數量仍然有限，需求卻很大，所以未必一定能預約得到。

酒店或賭場門口有時會有排班的士，要攔車很容易(©林孟儒)

的士的收費標準

以我的經驗來說，從機場坐的士到市區，一般需要澳門幣90～150元左右，費用的多寡，也與你要前往地區有關。司機都是以跳錶來計算車資，曾經有人一上車告訴司機要去的地方後，司機便開出一個價格，這種開價方式是不合法的，大家需要特別留意，價格遠遠超過一般跳錶的價錢。

的士的收費表可上澳門交通事務局查詢。🌐www.dsat.gov.mo

基本收費	澳門幣
首 1,600 公尺	19
跳錶 (240 公尺)	2
應乘客要求或在行車過程中所需的停車等候時間 (每分鐘)	2
放置在行李箱之行李 (每件)	3

附加費	澳門幣
由冰仔往路環	2.00
由澳門往路環	5.00
於澳門國際機場的士站、冰仔客運碼頭的士站及橫琴島澳門大學新校區搭乘的士	5.00
特別的士即時電召費 (只要接載乘客時未超過約定時間 10 分鐘方須繳付) ※ 如未經乘客同意派出非屬要求的車型接載、則無須繳付特別的士即時電召費	5.00

如何包車遊澳門

假如你不想使用公共交通工具，或是同行者有老人或小孩，認為自駕或包車會更方便，大家可以到以下3間租車公司租車。

AVIS 華國租車服務有限公司

提供自駕租車及連同司機一起的包車服務，自駕租車一天約900～1,600澳門幣，連同司機接送約380～480澳門幣一天，時租約380～590澳門幣一天。

這間租車公司會提供一種很有特色的老爺車，是很受遊客歡迎的旅遊交通工具，價錢也很合理，如有興趣可以試試。

✉ 金麗華酒店
☎ (853)2833 7730
http www.avis.com.mo

宏益汽車租賃服務有限公司

提供自駕租車及連同司機一起的包車服務，自駕租車一天約700～1,600澳門幣，連同司機時租約270～330澳門幣(必須租2小時以上)。

✉ 提督馬路69-71號
☎ (853)28991199
http www.virentacar.com.mo

百路達自動租車賃有限公司

提供自駕租車及連同司機一起的包車服務，自駕租車一天約280～900澳門幣；連同司機接送約210～450澳門幣；時租約210～250澳門幣(但必須租2小時以上)。

✉ 海名居第二座
☎ (853)2828 3399
http www.burgeonrentacar.com

這種特色老爺車很受歡迎，時常會作為婚禮花車或旅遊包車之用

旅遊小叮嚀 澳門自駕、包車少

其實在澳門旅遊，多數遊人都會選用交通工具，自駕及包車的情況較少。主要原因有：

1. 澳門的道路比較複雜、車多路窄，要自駕並不容易。
2. 澳門的汽車多數沒有GPS，要找路要自行查閱地圖，比較麻煩。
3. 澳門地方小，許多景點都有公共交通工具到達，所以自駕和包車的機會不多。

澳門的其他交通工具

除了巴士和的士之外，澳門還有一些有特色的交通工具，這些交通工具大都是供遊人遊玩之用。

三輪車

三輪車是由自行車改裝而成，可以載客的三輪車，就像馬車和腳踏車的混合體，在澳門曾盛極一時，但因為車速較慢，對現在繁忙的交通構成不便，現已轉型成為一種專門給遊人遊玩澳門的交通工具。乘坐這種懷舊的交通工具遊澳門別具風情，很受客人歡迎。

☒乘坐地點：葡京酒店門外三輪車站

$每小時包車費約澳門幣300元，其他短線澳門幣100～200元不等

建議遊玩路線

澳門的三輪車公會建議的路線共有4條，也可以自己擬定路線。

■葡京酒店→南灣→西灣→媽閣廟→大三巴牌坊

■葡京酒店→南灣→觀音蓮花苑→金蓮花廣場→葡京酒店

■外港客運碼頭→葡京酒店→南灣→西灣→媽閣廟→大三巴牌坊

■外港客運碼頭→金蓮花廣場→觀音蓮花苑→澳門旅遊塔→媽閣廟→大三巴牌坊

開蓬觀光巴士

這是一種沒有上蓋的雙層觀光巴士，主要途經澳門各個世界文化遺產，總共經過120個景點/餐廳/酒店，在下

乘坐觀光巴士，可以輕鬆遊遍多個景點(圖片提供/金亮澳門旅運有限公司)

車處步行10分鐘以內便可到達目的地，十分方便。分為一天遊及兩天遊，可以一天內在10個旅遊熱點無限次數自由上下車。

☒集合地點：澳門外港客運碼頭抵達大廳1646號鋪

◷運行時間：09:30～17:45 (最後班次為16:15，於外港碼頭開出)

班次：每45分鐘一班

車程：約70分鐘

$一天遊：成人澳門幣澳門幣150元、兒童澳門幣100元

兩天遊：成人澳門幣200元、兒童澳門幣150元

🔗www.goldspark.com.mo

坐在開蓬的觀光巴士觀賞夜景
(圖片提供/金亮澳門旅運有限公司)

旅遊行程的設計訣竅

在澳門旅遊，可選擇的公共交通不多，很多遊人都會以巴士和步行為主。因為澳門的巴士系統跟台灣有所不同，大家在利用巴士旅遊、規畫行程時可以運用一些小技巧，那麼行程走起來便順暢又省錢多了！

選擇有提供免費接駁車的住宿地點

若你是入住一些大型酒店，如威尼斯人、巴黎人等(請參閱P.181)，因為這些酒店都提供免費接駁車，基本上前往酒店都不是問題，只是因為乘坐接駁車的人較多，需要排隊輪候而已。若你入住的地方不是這些大酒店也不用煩惱，因為亦可以利用巴士到達各大酒店(詳情請參閱P.181)。

選擇附近有大型巴士站或巴士轉乘站的住宿點

即使你的住宿地點附近有巴士站，也未必等於十分方便，因為澳門有些很小的巴士站，經過的只是個別路線，遊客也未必適合使用。所以如果要挑選住宿點，適合選擇在大站附近住宿。以下列出澳門比較大型的巴士站。

亞馬喇前地

澳門最大的轉乘站，有20～30多條車線會經過此站，前往本島各區及離島都很方便。

■**附近的酒店**：葡京、新葡京、星際、永利澳門、美高梅金殿

新馬路/大豐

可徒步前往大三巴一帶、新馬路也是澳門最多車線的車站之一。

■**附近的酒店**：新中央、新新、澳萊英京、萬事發、澳萊大三元

水坑尾站

位於市中心的車站、也是人流最多的車站之一。

■**附近的酒店**：鎮興酒店、皇都酒店

同區的景點排在同一天

編排行程的其中一大要訣，是把同區的景點安排在同一天、這樣便不會浪費時間和車費了。澳門是個很小的地方，所以建議的玩法是每天以1個區或2個區為主，按照自己的喜好及天數排列。大家只要跟著以下步驟、便可以編排出適合你的行程表了。澳門的景點主要分布在幾個大區，有些是相鄰的，如：大三巴、風順堂及沙梨頭、高士德及東望洋、氹仔市區及路氹舊城區，在安排行程時、可以把它們放在同一天。而規模較大的區則可獨立一天或大半天。

澳門半島分區圖

廣東省 珠海市

台山
關閘
青洲
筷子基
望廈
黑沙環
沙梨頭
高士德
慕拉士
白鴿巢
新橋
內港
荷蘭園
大三巴
東望洋
司打口
新馬路
水坑尾
新口岸
下環
葡京
南灣
新口岸皇朝
西灣
南灣湖
西灣湖

N

1.大三巴區

■**規模**：大區，含景點較多。

■**景點**：大三巴牌坊及天主教墓室、大砲台、澳門博物館、戀愛巷、哪吒廟、手信街、議事亭前地、仁慈堂、玫瑰堂及聖物寶庫、營地街市市集、主教座堂、盧家大屋等。

■**美食**：世記咖啡(炭烤吐司)、金馬輪咖啡(豬扒包)、大利來記(豬扒包)、恆友(咖哩魚蛋)、檸檬車露(冰淇淋)、營地街市美食中心。

■**附近車站**：新馬路/大豐、新馬路/永亨。

主教座堂前的大堂前地，是歷史城區八大前地之一

2.風順堂區

■**規模**：大區，含景點較多。

■**景點**：福隆新街、崗頂前地、聖老楞佐教堂、聖若瑟修院、主教山、鄭家大屋、亞婆井前地、港務局大樓、媽閣廟、海事博物館。

■**美食**：祥記麵家(竹升蝦子撈麵)、保健牛奶(燉奶)、成記(粥品)、大三元(粥品)、甜香園麥師傅(甜品)、占西餅店(西餅)、何開記(糕點)、新肥仔記(湯麵)、船屋餐廳(葡國菜)、最香餅家(杏仁餅)。

■**附近車站**：金碧文娛中心(可以福隆新街為起點)、風順堂街(可以聖老楞佐堂為起點)、媽閣廟站(可以媽閣廟為起點)。

1728年建立的聖若瑟修院是世界遺產之一

3.東望洋區

■**規模**：小區，含景點較少。

■**景點**：盧廉若公園、國父紀念館、二龍喉公園、東望洋燈塔、聖母雪地殿、東望洋炮台。

■**美食**：玫瑰咖啡室(豬扒包)、麗湖軒酒樓(廣式點心)、潮豐麵家(炒麵)、張姐記食坊(家鄉點心)。

■**附近車站**：盧廉若公園、二龍喉公園。

盧廉若公園的風格與蘇州獅子林相近(©林孟儒)

4.新口岸區

■**規模**：小區，含景點較多，遊玩時間也較長。

■景點：葡京及新葡京、永利澳門、星際、美高梅金殿、金蓮花廣場、觀音蓮花苑、澳門科學館、澳門文化中心(回歸賀禮陳列館及澳門藝術博物館)、漁人碼頭。

■美食：聯邦酒樓(廣式點心)、蘇浙滙(上海點心)、永利軒(廣式點心)、太艮堡陳老太(順德菜)。

■附近車站：亞馬喇前地(以葡國一帶為起點)、孫逸仙大馬路/金沙(以漁人碼頭為起點)。

雅香粉麵咖啡

6.沙梨頭區

■規模：十月初五街、關前街、內港一帶，規模較小，景點也不多，以漫步感受懷舊情懷為主。

■景點：白鴿巢公園、東方基金會會址、十月初五街及關前街懷舊老店。

■美食：滄州咖啡(西餅)、南屏雅敍(茶餐廳美食)、黃枝記麵家(竹升麵)、西班牙烤雞(西班牙料理)。

■附近車站：栢港停車場、十月初五街(前往十月初五街)、十六浦(可前往十六浦)、草堆街(可前往關前街)

充滿歐洲風情的天幕廣場

5.高士德區

■規模：包含高士德、三盞燈、雅廉訪、美副將等，是澳門熱鬧的地區之一。景點不多，以吃喝玩樂和血拼為主，遊玩時間按個人需要而定。

■景點：三盞燈及新橋市集、通訊博物館、螺絲山公園。

■美食：雅馨/雅香緬甸餐廳、馮記豬腳薑、溫記茶粿湯、金城麵食、椿記粥品、彪記腸粉、三俠潮州美食。

■附近車站：高士德/培正、高士德/亞利鴉架街、高士德/紅街市(高士德馬路)、幸運閣(雅廉訪馬路)、愉景花園、觀音堂(美副將馬路)。

十六浦索菲特酒店(©林孟儒)

7.氹仔市區

■規模：以官也街、地堡街、龍環葡韻一帶為主。景點很集中，遊玩時間只需要約1小時，跟路氹城區相鄰，只需要走

自動步行系統便能到達，可以安排在同一天遊玩。

- **景點**：官也街、官也墟、龍環葡韻、住宅博物館、嘉模教堂、路氹歷史館。
- **美食**：新好利咖啡(鮮奶撻)、莫義記(大菜糕)、沛記(核桃蛋糕)、興記(義大利麵)、波爾圖餐廳(葡國餐)。
- **附近車站**：氹仔官也街(前往官也街及龍環葡韻)、氹仔中葡小學(前往地堡街)。

莫義記(©林孟儒)

8.路氹城區

- **規模**：以路氹之間的填海地段為主。各大酒店林立，每間規模都很大，逛的地方很多，遊樂設施也多，適合花一天時間遊覽。
- **景點**：威尼斯人度假酒店、澳門巴黎人、新濠影滙、新濠天地、金沙城中心、永利皇宮、銀河。
- **美食**：百老匯美食中心、集合多間著名小吃店，如：梓記牛雜(牛雜)、牛牛美食(緬甸美食)、南翔饅頭店(小籠包)、皇冠小館(水蟹粥)、翠華餐廳(茶餐廳)、榮記(豆腐)、添好運(點心)、成記(粥品)。

- **附近車站**：連貫公路/新濠天地、連貫公路/巴黎人(可前往新濠天地及威尼斯人)、連貫公路/金沙城中心(可前往金沙城中心及新濠影滙)、體育館馬路/新濠天地(可前往永利皇宮)、望德聖母灣馬路/銀河(可前往銀河)。

銀河酒店天浪淘園(圖片提供/銀河度假酒店)

9.路環市區

- **規模**：以路環市中心為主，景點很集中，地方也不大，約1～2小時便能走完。
- **景點**：聖方濟教堂及教堂前廣場、路環市區、譚公廟。
- **美食**：安德魯(葡式蛋撻及三明治)、雅憩餐廳(葡式料理)、漢記咖啡(手打咖啡)。
- **附近車站**：路環市區、路環居民大會堂、路環街市

安德魯蛋撻(©林孟儒)

行程設計範例

DAY 1 到達澳門，前往入住酒店

DAY 2 大三巴及新口岸區

景點安排	美食光顧	本日預算
1. 大三巴牌坊 2. 戀愛巷及哪吒廟 3. 玫瑰堂、仁慈堂、議事亭前地 4. 永利澳門及美高梅金殿 5. 金蓮花廣場 6. 夜遊漁人碼頭	早餐：金馬輪咖啡 午餐：營地大街美食中心 甜品：檸檬車露冰淇淋 晚餐：太艮堡陳老太	400 澳門幣 / 人 (餐飲及交通)

DAY 3 風順堂區

景點安排	美食光顧	本日預算
1. 福隆新街 2. 崗頂前地 3. 聖老楞佐教堂 4. 聖若瑟修院 5. 主教山 6. 鄭家大屋 7. 亞婆井前地 8. 港務局大樓 9. 媽閣廟	早餐：成記粥品 午餐：新肥仔記美食 點心：占西餅店沙翁 晚餐：船屋餐廳	400 澳門幣 / 人 (餐飲及交通)

DAY4 氹仔市區及路氹城區

景點安排	美食光顧	本日預算
1. 官也街 2. 路氹歷史館 3. 百老匯美食中心 4. 威尼斯人 5. 巴黎人 6. 新濠影滙 7. 永利皇宮 8. 新濠天地水舞間	早餐：新好利咖啡 午餐：百老匯美食中心 晚餐：各大酒店自助餐	400 澳門幣 / 人 (餐飲及交通)

DAY5 離開澳門

購物血拼
Shopping
特色市集、百貨超市，價格親民，好逛又好玩！

在澳門購物需要留意什麼

各位計畫來澳門血拼的朋友要留意了！像很多地方一樣，澳門也有折扣優惠的時節，有些百貨公司還會推出VIP日，貨品都會以超低的價格發售，只要選擇在這些時間出擊，要撿到便宜貨實在並不困難呢！

折扣季節

澳門的折扣時節有幾個，首先是大節日前夕，例如聖誕、新年、農曆新年等。另外在季節轉換交界，為了要盡快賣完快要過時的貨品，很多商店都會在這時減價促銷。

百貨公司VIP日

新八佰伴每年都會舉辦幾次VIP日，當日大量貨品都會以超低價出售，尤其是電器、床具用品等都是最受歡迎的搶手貨！很多市民和遊人都會特意在這天購物，提著大大小小的袋子滿載而歸！

「補水」問題

補水即是補回各種貨幣之間的差額，雖然人民幣和港幣在澳門很多商鋪都可使用，但很多店鋪都清楚注明「不設補水」意即使用人民幣或港幣，與澳門幣只是)1:1，並不會補回中間的差價，等於會多付一點點錢。雖然有些店鋪是可以補水的，但數目並不多，且有一些店鋪，是不接受人民幣的。

議價問題

百貨公司、購物中心，還有較高級的商鋪都是不接受議價的。但若在市集、街市的小攤或是一些小店買東西，可以試試議價。

什麼是誠信店

有貼上這張標示的都是消費者委員會認可的誠信店

很多遊人都想在有誠信的商店購買貨品，為了鼓勵店鋪以誠待客，也讓遊人知道哪些店鋪信譽較好，澳門設有「誠信店」制度，一些已加入「誠信店」的商號，都會受到消費者委員會的嚴密監管，確認貨品和服務的品質皆優。這些店鋪的門外都貼著「誠信店」的綠色貼紙，如大家要購物昂貴的物品，如金飾、電器等，在「誠信店」購買，品質會較有保證！

141

購物血拼哪裡去

雖然澳門並不像香港一樣，有「購物天堂」的美譽，可是物價相對來說還是比香港便宜，貴的東西主要集中在旅遊區，在一些街市和市集還能找到物美價廉的貨品，有些還很有特色呢！大家在澳門旅遊，不妨也到這些特色購物點逛逛，說不定能挖到寶藏！

特色市集

紅街市、義字街

即是紅街市、新橋義字街及三盞燈一帶地區，因為做的都是本地人的生意，賣的都是生活雜貨，價錢都很便宜，特別是時裝，新橋區的時裝店很多，種類和價錢都很吸引人。紅街市、義字街一帶有很多生活雜貨店，如手袋、衣服、鞋襪、床具用品都能買到，還有一些特色小吃店，像發嫂養生磨房、晶記金錢餅、來來超市對面的小吃攤檔等。而三盞燈一帶以服裝店及水果攤為主，也

義字街是很受澳門居民喜愛的購物區

有很多有特色的美食，像馮記豬卻薑、溫記茶粿湯等。在這一區，有逛的、買的、吃的，絕對是玩樂購物的好地方！

🕐各店鋪而定，多數從早上至黃昏，晚上店鋪會關門 ➡25、9、9A、25、25B號巴士，高士德/亞利鴉架站下車 🗺P.201、205

氹仔市集

氹仔市集位於氹仔黑橋區街市前地，規模並不大，約15～30分鐘便可逛完。雖然地方不大，但賣的東西卻很有特色，有很多充滿澳門色彩的紀念品和懷舊玩具、有趣可愛的小精品等，再加上附近的官也墟，構成一個小小的文創區域，適合喜歡文化創作的朋友來逛。

氹仔市集可以與官也街一起同遊，市集販售各式各樣的手工藝品

🕐週日11:00～20:00 ➡11、15、22、30、33、34號巴士，黑橋/地堡街站下車 🗺P.206

藝墟

在塔石廣場舉行，並沒有定時，最新消息需要留意當局的公布。顧名思義，藝墟就是文創藝術品的小市集，售合了來自本地、內地、台灣等地的創作人及機構，售賣各種精緻可愛的小飾品、精品、工藝品等，種類繁多，很多設計都很有創意和趣味，值得一逛！

ⓒ每年不同，請留意官網最新消息　➡2、4、7、18A、19號巴士，塔石廣場站下車；或2A、7A、8、8A、9、9A、12、18、22、25、25B號巴士，塔石體育館站下車 http www.facebook.com/MacaoCraftMarket MAP P.204塔石廣場

購物中心、百貨公司及步行街

大運河購物中心

位於威尼斯人度假酒店內，是澳門最大型的室內購物中心，占地968,000平方英尺，共有超過350間店鋪。以水都威尼斯作為藍本設計，建築物、廣場、鐘樓、運河、貢多拉船等，每一磚一瓦都洋溢著濃厚的義大利風情，而天花板更是一片蔚藍的天空，非常美麗典雅，即使不購物，此處也是拍照的好地方。

這裡的店鋪包括時裝、首飾、精品、鐘錶、食品等，選擇眾多，琳琅滿目。價錢略貴，但貨品品質也較佳，適合預算較足，想買品質好一點的人。

➡15、21A、25、25B、26、26A巴士，連貫公路/巴黎人下車　MAP P.207

1.在大運河購物中心購物，感覺真的有如置身於威尼斯一樣／**2.**小橋流水，優雅的建築物林立，是個邊逛街邊拍照的好地方(©林孟儒)

各大名店街

澳門的名店街並不算多，但愛逛名店的朋友，也可以到永利澳門酒店、四季

名店街明亮寬敞，逛起來很舒服

酒店和壹號廣場的名店街購物，眾大品牌如Louis Vuitton、Christian Dior、Gucci、Hermès、Cartier都一應俱全。名店街設計高雅明亮，令人逛得很舒服，適合追求時尚品味的遊人。

▶永利澳門酒店及壹號廣場：2A、3、3A、3X、5X、7A、8、8A、9、9A、10、10A、10B、10X、11、12、21A、22、23、25、25B、26A、28A、28BX、28C、32、33、39、50、50X、H1、MT1、MT2號巴士，亞馬喇前地站下車 MAP P.201、202
四季酒店：15、21A、25、25B、26、26A號巴士，連貫公路/金沙城中心站下車 MAP P.206、207

議事亭前地購物街

議事亭前地可說是澳門最熱鬧的地區，也是兵家必爭之地，各間店鋪都各出奇謀吸引顧客，廣告板、折扣優惠、宣傳單張等等當然少不了。時裝店、鐘錶店、書店、伴手禮店、藥房、化妝品店、按摩用品店等，應有盡有，

最近更有多間韓國化妝品店如Nature Republic、Etude House、It's Skin、Tonymoly等知名品牌進駐，為這個原本已是滿滿人潮的地區更添熱鬧。

▶3、4、6A、18A、19、26A、33號巴士，新馬路/永亨站下車 MAP P.201、202

充滿歐式風情的議事亭前地購物街，是遊客的購物天堂

新八佰伴

新八佰伴是澳門唯一的百貨公司，共有8層高，貨品十分齊全，是澳門居民購物的好選擇。販售的貨品價錢較貴，品質也較好，其中7樓的超級市場以賣日、韓食品為主。百貨公司每年都會舉行幾次VIP DAY，所有貨品都會打折出售，其中以電器的價錢最優惠，每次都吸引很多本地居民或特地前來的遊客大排長龍。

ⓒ10:30～22:00　**➡**6B、9、9A、18、23、28B、32號巴士，歐華利前地站下車　**MAP**P.201、203

1.新八佰伴一共9樓，可慢慢遊逛(©林孟儒)／**2.**精品服飾在這邊也可以找得到

特色商品

葡國食品

澳門葡式辣魚店

想品嘗葡國著名的魚罐頭？不用去到葡國那麼遠，來到澳門也能買到很齊全的葡式魚罐頭！這間澳門葡式辣魚店，

1.Loja das Conservas位於福隆新街附近，可以與崗頂一帶景點同遊／**2.**店內有三百多種罐頭，各式口味的魚罐頭也可以在此找到

齊集了多個葡國最著名品牌的沙丁魚、吞拿魚、三文魚、鮪魚等，有各種各樣的口味，還有非常精美的包裝，送禮自用兩皆宜呢！

✉新填巷9號　**ⓒ**11:00～21:00　**➡**2、3、3A、3X、5、7、10、11、18、21A、26A、33號巴士，新馬路/大豐站下車；或2、3A、5、7、10、10A、11、21A號巴士，金碧文娛中心下車，步行約5分鐘　**MAP**P.203

懷舊玩具及生活用品
梳打埠懷舊店

玩具並不只是小孩的玩意，很多成年人都喜歡懷舊玩具，找回自己的童年回憶。伴著老一輩的澳門居民長大的玩具已不多見，但慶幸的是，大家仍可在果欄街的梳打埠懷舊店找到兒時的玩具、

1.玩具店位於關前街，去大三巴遊玩時可以順道逛逛／**2.**看到這些懷舊玩具，令人有一種時光倒流的感覺

儲金箱、生活雜貨，無不勾起那封塵又遙遠，但卻永不磨滅的回憶。家長們不妨帶子女到此，在緬懷過去之餘，亦可以向子女介紹一下自己最愛玩的玩具，增進親子之間的交流！

⊠ 果欄街58號　➡18號巴士，營地大街站下車，步行約10分鐘　MAP P.205

葡式及澳門特色紀念品
藝舍及澳門旅遊紀念品批發中心

來到澳門，除了買吃的伴手禮，當然也不要錯過充滿澳門特色的紀念品了！會隨著濕度變色的天氣雞、顏色鮮豔奪

目的葡色瓷雞、來到澳門這個賭城必會見到的籌碼精品、充滿澳門特色的怪趣街名街道牌等

等，都可以在藝舍或澳門旅遊紀念品批發中心買到。其中藝舍的較精緻，而澳門旅遊紀念品批發中心的價錢較低。

藝舍⊠ 東望洋街18號華豐大廈地下　⏰12:00～19:00　➡2、4、7、18、19號巴士，方圓廣場站下車；或2A、7A、8、8A、9、9A、12、18、22、25、25B、H1號巴士，水坑尾/公共行政大樓站下車　MAP P.204

澳門旅遊紀念品批發中心⊠ 官也街44號地下　⏰10:00～22:00　➡11、15、22、28A、30、33、34號巴士，氹仔官也街站下車　MAP P.206

1.葡國的招牌紀念品公雞／**2.**官也街的紀念品批發店，價格比其他家便宜(◎林孟儒)

去超市購買必需品

超級市場一直都是自助遊旅客的好朋友，因為貨品種類多，價格又便宜。在澳門要買到旅行生活必需品如飲料、水果、食材、梳洗用品等都不困難，因為澳門不單便利店多，而且超級市場也有不少！超級市場的貨品通常都比便利店便宜一截，所以在選擇住宿地方時，不妨選擇附近有超市的地點喔！

三大超市及其特色介紹

澳門有多間超市，其中以這3間連鎖式超市規模最大，分店最多，分別是：來來、新苗及百佳。

貨品來源方面，新苗很多貨品都是中國製造；來來的有香港、中國、韓國、日本的貨品；百佳也是一樣。

除了來來、新苗、百佳以外，澳門還有多間規模較小，分店較少的超市，規模較小的超市貨品價格多數會較便宜，而貨品選擇多寡和品質方面，大型超市會比較優勝。

至於便利商店，和台灣一樣，澳門也有7-11及OK，但卻沒有全家，而澳門的便利店商的功能並不及日本和台灣多，貨品也以食物和飲料為主，其他生活必需品較少。

超市比拼

(五星為最高)	來來	新苗	百佳
貨品種類多	★★★★★	★★★★★	★★★★
貨品素質佳	★★★★	★★★	★★★★★
貨品價格便宜	★★★★	★★★★★	★★★
分店數目多	★★★★★	★★★★	★★★

1.來來超級市場／**2.**新苗超級市場(©林孟儒)／**3.**百佳超級市場(©林孟儒)

超市必買貨品

在澳門的超市，大家可以買到一些充滿港澳特色，或是澳門特有的貨品。

飲品

最大的品牌為陽光和維他，其中陽光的檸檬茶、維他豆奶、維他麥精等都是人氣很高的特色口味。其他飲品包括各種茶類、運動補充飲品等。另外，還有一款飲料是在澳門選擇較多的，那就是來自波爾圖的砵酒。因為澳門曾是葡國的殖民地，售賣這種葡國酒類的超市不少，而且品牌也有很多，喜歡的朋友可以試試！

澳門伴手禮

雖然種類不及澳門的伴手禮店，但在超市亦同樣能買到杏仁餅、蛋卷、鳳凰卷等等，都是較不知名的品牌，但價錢也相對較便宜。

泡麵

泡麵雖然也能在台灣買到，但澳門超市賣的都是港澳地區獨有的口味，如黑蒜醬油、博多豬骨、沙嗲味道等，大家不妨買些嘗鮮一下！

罐頭

澳門超市販賣的，大都是香港特色的罐頭，如豆豉鯪魚、回鍋肉、茄汁豆、雪菜肉絲、罐頭湯等，其中最具特色的是充滿澳門特色的葡國老人牌辣魚，大家在茶餐廳吃到的辣魚包、辣魚公仔麵等，都是以這個為材料的。

(圖1～5©林孟儒)

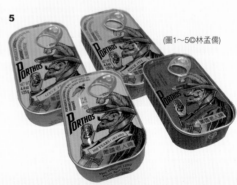

紀念品和伴手禮

來到澳門，很多遊人都會到手信店(伴手禮店)大包小包的掃貨，不論是可吃的，或是生活雜貨紀念品都非常吸引人購買，選擇眾多，以下為大家介紹一下各種受遊人歡迎的伴手禮及紀念品。

食品類

杏仁餅

一種以杏仁和綠豆粉做成的傳統廣式餅食，有多種口味可以選擇，其中以肉心杏仁餅(即是中間夾著一塊肥豬肉，最傳統古早的口味)和粒粒杏仁餅最受歡迎。因為攜帶方便，也能入境台灣，很受台灣的遊人歡迎，為來澳必買伴手禮的第一名。但要注意，含肉或肉鬆的杏仁餅(或其他製品)是不能攜帶回台的喔！

蛋卷和鳳凰卷

蛋卷是以油、雞蛋、麵粉做成，一種圓筒形狀的傳統餅乾，而鳳凰卷則是扁平形狀，中間夾著肉鬆、海苔、花生、砂糖、椰絲等餡料。口感鬆脆，蛋味香濃，是很可口的一種餅食。

(©林孟儒)

花生糖

把花生、麥芽糖及砂糖混合、加熱、做成濃稠狀態，最後冷後凝固，砌成一塊塊小塊的糖果。經過炒製後的花生很香，和麥芽糖混合一起後交織出略帶嚼勁的口感，甜度適中，可口而不膩。

(©林孟儒)

149

豬肉乾

把豬肉以炭燒烤成肉脯，包括多種口味，如果汁、黑椒、蜜汁等等，全都是新鮮製成，以重量計算購買，也可以買獨立包裝的袋裝，但因豬肉不能入境台灣，最好在旅程中把它「消滅」掉。

紐結糖

即是台灣的牛軋糖，是從歐美傳入，用蜂蜜、杏仁和蛋白做成的一種糖果，口感略帶嚼勁，甜蜜可口，味道不錯。雖然在台灣也有售，但在澳門買到的是本地的特色品牌，也很值得試試！

紀念品類

街道名牌

因為很多都來自葡文譯音，澳門的街道很多都擁有有趣的名字，而把有趣的街名印在葡式的藍白街道名牌上，正好成了最有代表性的紀念品。街道名牌大多不貴，有鎖匙圈、磁鐵等等，一個約10～20元澳門幣，上面都寫著澳門的有趣街名，如「美女巷」、「肥胖圍」、「肥利喇亞美打大馬路(荷蘭園大馬路)」等。

天氣雞

　這種公雞紀念品來自葡國，最大特色是會隨著濕度而變色，濕度高時是粉紅色，濕度低時是藍色。公雞的形狀分為長脖子和短脖子兩種，我個人認為長脖子的較為優雅。除了天氣雞外，還有天氣貓頭鷹、天氣聖母像等，售價大約100多元澳門幣。

(籌碼紀念品©林孟儒)

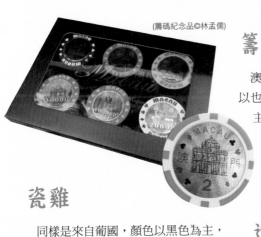

籌碼紀念品

　澳門是著名的賭城，所以也有不少以賭博工具為主題的紀念品，如籌碼紀念品等，把它帶回台灣，親友們都一知知道你曾來過以賭著名的澳門！

瓷雞

　同樣是來自葡國，顏色以黑色為主，偶爾也能找到白色的，瓷雞上繪畫著充滿葡國色彩的圖案，十分有特色，種類選擇多，如鎖匙圈、吊飾等等，價錢也不貴，一隻約10～30元澳門幣。

造型磁鐵

　多款以澳門景點或特色製作的造型磁鐵，很值得收藏！

(©林孟儒)

(造型磁鐵©林孟儒)

美食餐飲

Gourmet

豐富多元的美食，等你來品嘗！

▲▼(©林孟儒)

在地美食大集合

小吃類

咖哩魚蛋及雜丸

（©林孟儒）

咖哩魚蛋及雜丸是港澳地區最具代表性的街頭美食，製作方法簡單，就是把魚蛋(即魚丸)及豬肉丸、牛丸、獅子狗捲、香腸等，用水煮熟，再淋上美味的咖哩汁便完成了。咖哩魚蛋的材料都是普通魚蛋，每間店都差不多，但好吃的祕訣是在是在各家的醬汁，這也是致勝之道。

推薦食店
恆友魚蛋
⊠ 大堂巷12C號地下
🕙 10:00～00:00
MAP P.202

雞蛋仔、香蕉糕及夾餅

如果咖哩魚蛋是最具代表性的街頭小吃，那麼排行第二的一定是雞蛋仔、香蕉糕及夾餅了。三者的製作方法都很簡單，雞蛋仔是把蛋漿倒進夾模裡，再烘烤成小雞蛋的形狀，因而被稱為「雞蛋仔」；香蕉糕的製作方法也差不多，不同之處在於材料中還加進了香蕉油，因此洋溢著香蕉的香味，形狀也是香蕉形；夾餅類似鬆餅，但是會塗上花生醬、奶油、砂糖等，十分可口美味。

推薦食店
大堂巷雞蛋仔
⊠ 大堂斜巷時代停車場門口
🕙 約下午開賣，賣完為止　MAP P.202

龍鬚糖

龍鬚糖是一種外形和口感都很特別的糖果，製作過程一絲不苟，把糖漿拉成絲狀，再捲成一團的形狀，看起來就像龍鬚似的，因而得名，吃下去一絲絲的糖漿在口中慢慢溶化，十分獨特。餡料還可包砂糖、花生、椰絲、芝麻等口味。

推薦食店
祐記龍鬚糖
⊠ 罅些喇提督大馬路紅街市
🕙 17:00 ～ 23:00 (週二休息)　MAP P.204

豬腳薑

豬腳薑是指用薑醋把豬腳煮得柔軟，有豐富的營養和膠原蛋白，是剛生完小孩婦女的佳品，也是生了孩子的家庭會餽贈親友，和大家分享添丁喜悅的禮物！

推薦食店
馮記豬腳薑
✉ 飛能便度街小攤 (三盞燈附近)
🕐 09:30～21:30　MAP P.201、205

推薦食店
玫瑰咖啡室
✉ 士多鳥拜斯大馬路 23 號地下 (國父紀念館對面)
🕐 07:00 ～ 18:00 (每兩週週日休息)
MAP P.204
金馬輪咖啡餅店
✉ 營地大街 50 號地下
🕐 07:00 ～ 18:30　MAP P.202

豬扒包

澳門的豬扒包之所以那麼著名，其實是因為採用了酥脆的葡式麵包(又名「豬仔包」)。好吃的豬扒包，豬扒需要腌得入味，麵包烘烤得內軟外脆。澳門有很多家著名的豬扒包店，詳情可見 P.165。

碗仔翅

碗仔翅並非真正的翅，而是以粉絲作翅，配合雞絲和蛋花一起吃，口感綿密幼滑，價格便宜，是很受歡迎的小吃。

推薦食店
永樂碗仔翅
✉ 新橋大纜巷永樂戲院旁
🕐 一般在下午，營業時間不固定　MAP P.205

花生糖

用花生和糖漿做成的糖果，成方塊狀，好吃的花生糖又香又脆，不會黏牙。除了杏仁餅外，花生糖亦是很值得餽贈親友的伴手禮。

推薦食店
合記花生糖
✉ 爐石塘街陶陶居對面攤檔
🕐 11:00～21:00　MAP P.202

炭烤吐司

對很多遊人而言，吐司並不算特別美食，在很多地方都能吃到。但澳門的一些咖啡店，吐司卻採用了特別的作法。店家並不是利用焗爐烘烤，而是真材實料使用炭火去烘烤，製作出來的吐司也會特別香脆，別具風味。

推薦食店

世記咖啡

✉賣草地里7～15號長信大廈地下
🕐11:00～19:00 (週二休息)　MAP P.202

糕餅類

杏仁餅

作為來澳門必嘗的三大美食之一，杏仁餅的可口絕對是不容置疑的。因為在澳門競爭劇烈，基本上能留下來的杏仁餅店家都很有素質。杏仁餅有很多種類，最常見的有粒粒杏仁餅，也有用肥豬肉作夾心的肉心杏仁餅。

推薦食店

最香餅家

✉新馬路夜呣街 12 號 B 地下 A 座
🕐10:00 ～ 19:00　MAP P.202

蛋撻及鮮奶撻

在澳門的餅店和咖啡店，蛋撻是一種很常見的西餅，主要是用奶油和麵粉製成餅皮，再在餅皮上淋上蛋漿，有的更會淋上鮮奶，製作成鮮奶撻。好吃的蛋撻的餅皮酥香，蛋皮幼滑。如果在新鮮出爐時，鼻子聞到那誘人的香氣，那麼這店的蛋撻一定非常可口！

推薦食店

滄州咖啡小食

✉十月初五街55號A
🕐06:30～18:00
MAP P.205

新好利咖啡餅店

✉氹仔地堡街13～15號
🕐07:30～18:30
MAP P.206

沙翁

沙翁是一種特色西餅，把麵粉團炸得發脹起來，然後再灑上砂糖粒，非常香脆可口。

推薦食店

占西餅店
✉ 風順堂街31號地下
🕐 08:00～19:00
MAP P.203

南屏雅敘
✉ 十月初五街85～85A號地下
🕐 06:30～18:30
MAP P.205

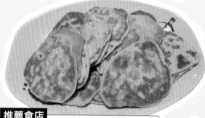

金錢餅

金錢餅因為外形像金錢一樣而得名，材料包括奶油、雞蛋、麵粉等，最著名的是潘榮記的滅蛋金錢餅，製法非常特別，減去蛋白，只用蛋黃作材料，特別香脆。

推薦食店

潘榮記
✉ 議事亭前地仁慈堂門前
🕐 13:00 ～ 18:00　MAP P.202

老婆餅

老婆餅是一種以椰蓉和瓜子作餡料的中式餅食，在澳門很多中式餅家都有販賣。好吃的老婆餅不會肥膩，亦不會太乾，外皮較薄而餡料飽滿。

推薦食店

滄州咖啡小食
✉ 十月初五街 55 號 A
🕐 06:30 ～ 18:00　MAP P.205

肉切酥

肉切酥是一種用南乳(一種紅色豆腐乳)做成的餅食，鹹鹹香香，酥酥脆脆，每一塊都充滿了濃郁的南乳香味，吃罷齒頰留香。

推薦食店

晃記餅家
✉ 氹仔官也街 14 號
🕐 08:30 ～ 21:00　MAP P.206

砵仔糕

說起砵仔糕，很多老一輩居民都有美好的集體回憶，這是大家兒時最愛的糕點，現在仍可在一些小吃店買到。作法是把糯米粉、砂糖和水混在粉漿裡，然後倒在小砵子裡蒸焗，傳統的口味有椰汁和黃糖，較新潮的還有巧克力、哈蜜瓜等口味。

推薦食店

喜記小食
☒ 賈伯樂提督街 41 號永聯大廈 (N，O) 座地下
🕐 下午　MAP P.204

蝴蝶酥

就如其名，蝴蝶酥是一種蝴蝶形狀的西餅，用奶油、麵粉、砂糖製成，好吃的蝴蝶酥會帶有濃而不膩的奶油香味。

推薦食店

美心餅店
☒ 水坑尾街 112 號地下
🕐 06:30 ～ 20:00
MAP P.204
☒ 南灣大馬路 623 號 G 時代商業中心地下
🕐 06:30 ～ 20：00
MAP P.203
☒ 士多鳥拜斯大馬路 22 號 B ～ C 地下
🕐 06:30 ～ 20:00
MAP P.204

冷糕

冷糕是一種潮州糕點，現今在澳門比較少見。把花生、砂糖夾在蛋糕裡，外層微硬，內裡鬆軟，口感特別，可口美味。因為砂糖在夏天容易融化，這種糕點只在冬天供應。

推薦食店

吳廷記糕餅小食
☒ 下環街 15 號怡豐大地下 (下環街市二樓熟食中心亦有分店)
🕐 09:00 ～ 17:30　MAP P.203

紅豆糕

好吃的紅豆糕，能吃到飽滿又有口感的紅豆，口裡會洋溢著紅豆的清香。現在販賣紅豆糕的地方不算多，但在部分小吃店仍然有售。

推薦食店

張姐記食坊
☒ 柯高街 30 號 (雀仔園街市對面)
🕐 06:30 ～ 18:30　MAP P.204

甜品類

楊枝甘露

由香港利宛酒家發明的一種甜品，用沙田柚、芒果、西米及椰汁等做成。味道清新解渴，可以吃到粒粒的果肉，夏天很受歡迎。

推薦食店
甜香園麥師傅甜品
✉ 福隆新街 32 號
🕐 14:00 ～ 02:00　MAP P.202

推薦食店
金玉滿堂
✉ 南灣大馬路 5 號龍圖閣地下
🕐 12:00 ～ 03:00　MAP P.203

水果撈

「撈」即是把拌的意思，水果撈即是把水果拌在一起吃，主要的水果有西瓜、蜜瓜、芒果、哈蜜瓜、木瓜等，可以選取涼粉(即仙草)、珍珠等作配料。跟楊枝金露一樣，在炎炎夏日分外解渴、清甜，很受歡迎。

芝麻糊

芝麻糊是一種很健康的甜品，用營養豐富的黑芝麻磨成粉，然後再煮成糊狀。從前都是用石磨磨成，現在大多是用機器研磨。好吃的芝麻糊甜度適中，甜味不會掩蓋芝麻的香味，口感幼滑綿密。

推薦食店
發嫂養生磨房
✉ 公局新市西街18～18A或新橋義字街41號
🕐 09:00 ～ 21:30　MAP P.202

推薦食店
禮記雪糕
✉ 肥利喇亞美打大馬路(荷蘭園大馬路)12～12A
🕐 12:30～19:00　MAP P.204

懷舊雪糕三明治

冰淇淋大家可能常能吃到，但有沒有試過口感特別的冰淇淋三明治呢？這是一種懷舊的平民小吃，用料是各種口味的冰淇淋，把它夾在威化餅中，就成為美味的冰淇淋三明治了！因為包覆冰淇淋，原本鬆脆的威化餅變得柔軟，而且還充滿冰淇淋的香味呢！

喳咋

很多人都以為喳咋是香港或馬來西亞傳進澳門的食品，但其實它是完完全全的「澳門貨」呢！把各式各樣的豆類跟紅豆煮在一起，再加些椰汁和花奶等，便成為可口又口感十足的喳咋了。

推薦食店

📧 泉記喳咋
📧 亞豐素街 45 號
🕐 14:00 ～ 22:00（週日休息）
MAP P.204

推薦食店

頤德行李康記
📧 新埗頭街 19 號 D
🕐 07:00 ～ 19:30
MAP P.202

豆腐花

北方的豆腐花有鹹的也有甜的，但澳門的則以甜為主，製作方法是把黃豆漿凝結成果凍形狀。好吃的豆腐花豆味清香，雖然伴有糖漿，但味道不會死甜，豆香味不會被糖漿味道搶去，口感幼滑，吃完後口裡一陣陣清香。

燉奶及燉蛋

燉奶和燉蛋是較清淡的甜品，優質的燉奶和燉蛋會採用新鮮材料，經過燉煮後，燉奶表面會出現一層薄皮，所以又稱為「雙皮燉奶」，另外還有薑汁撞奶、冰花燉蛋等，全都非常清甜美味喔！

推薦食店

保健牛奶公司
📧 福隆新巷 4 號
🕐 12:30 ～ 22:30
MAP P.202

葡式美食類

葡撻

葡撻即是葡式蛋塔，跟一般蛋塔最大的分別在於葡國的蛋塔較甜，奶油味較重，蛋漿上會鋪上一層焦糖，在葡國吃時更會加上肉桂粉。澳門的葡撻是為了迎合澳門人的口味而改造的，甜度較低。好吃的葡撻蛋漿幼滑，甜度適中，外皮酥脆。

推薦食店

安德魯餅店
📧 戴紳禮街 1 號地下（冰仔官也街及威尼斯人度假酒店內亦有分店）
🕐 07:00 ～ 19:00　MAP P.208

馬介休

馬介休是一種葡萄牙國盛產的魚類，又稱為「葡國鹹魚」可以做成薯絲馬介休、馬介休炒飯、燴馬介休飯、炸馬介休球等。馬介休的口感很有嚼勁，味道有點鹹，用來做米飯正好合適。

推薦食店
葡韻美食
✉ 告利雅施利華街57～59、63號鋪
🕐 12:00～15:00，18:00～22:00
MAP P.206

推薦食店
沙度娜木糠布丁
✉ 地堡街 13 ～ 15 號
🕐 07:30 ～ 18:30 MAP P.206

木糠布丁

大家看看！這布丁裡真的有木糠耶！其實這並不是真正的木糠，而是用餅乾的粉末做成木糠的形狀，再配合香滑幼嫩的奶油，製成口感特別，味道難忘的一道甜品。

葡式血鴨

雖然聽上去有點可怕血腥，但這道菜的味道真的很好！使用的是新鮮的鴨肉，把鴨血擠出來後，跟鴨肝一起調製成美味醬汁，配合米飯非常好吃！

蛋黃糖

別小看這顆小小的糖果，它的製作工序可是十分繁複，還需要3～4天的時間才能製成的。材料以蛋黃和糖為主，是葡萄牙一種特色小吃，在澳門能買到的地方不多，雖然小小的一粒販售澳門幣5元，但單單以師傅付出的心血和其美味可口計算，真的物超所值！

推薦食店
新口岸葡國餐
✉ 宋玉生廣場中裕大廈 606H ～ 606G
🕐 11:30～23:30 MAP P.203

推薦食店
老地方
✉ 福隆新街 10 號
🕐 12:00 ～ 20:00 MAP P.202

葡國雞

　　雖然名為「葡國雞」，但這道料理在葡萄牙是找不到的呢！因為它是一道澳葡料理，也就是結合了澳門和葡萄牙特色的料理。材料包括雞肉、椰汁、馬鈴薯、洋葱、紅蘿蔔等，在甜美的蔬菜，還有充滿椰香的醬汁的配合下，雞肉的味道分外鮮美。

推薦食店
波爾圖葡國餐
✉ 地堡街泉福新村第 1 期第 4 座嘉開閣地下
🕐 11:00 ～ 22:30　**MAP** P.206

紅豆豬手

　　葡萄牙的紅豆豬手，跟德國的傳統燒豬腳有點不同，德國的會烤得較香脆，而紅豆豬手的肉質會較柔軟，配合滲滿了醬汁的紅豆來吃，風味十足！

推薦食店
雅憩花園餐廳
✉ 計單奴街 8 號
🕐 12:00 ～ 01:00　**MAP** P.208

推薦食店
法蘭度葡國餐廳
✉ 黑沙海灘9號
🕐 12:00 ～ 21:30　**MAP** P.208

葡式烤乳豬

　　葡式的烤乳豬雖然外皮不及廣東的香脆，但採用的豬肉非常柔軟幼嫩，而且外表也烤得火候適中，香噴噴的，十分好吃。

粵式料理類

燒臘

　　廣東人都很喜歡吃燒臘，在街市附近常會找到售賣燒臘的小攤，小攤上掛滿了誘人的叉燒、白切雞、油雞、燒肉、燒鴨等，婦女們都很喜歡買回家作菜。另外，也可以購買叉燒飯，一盤叉燒飯通常只售二十多元，是又美味又便宜的平民美食。

推薦食店
陳光記燒臘
✉ 南灣羅保博士街19號
🕐 09:00 ～ 01:00　**MAP** P.203

粵式飲茶及點心

來到港澳地區，大家一定要試試飲茶，這是當地居民的最佳消遣。飲茶其實即是品嚐點心，通常客人會叫來一壺清茶，再叫一些像叉燒包、鳳爪、牛肉、蝦餃、燒賣等最經典的點心，一盅兩件，和親朋好友一起飲茶，一起聊天相聚。

推薦食店
麗湖軒酒家
✉ 地厘古工程師馬路 1～5 號 (東望洋酒店內)
🕐 07:00～22:00 (點心只在早午餐供應)
MAP P.204

真點心
✉ 俾利喇街113號115恆秀苑
🕐 11:00～22:00
MAP P.205

炒鴛鴦

單單看名字，大家可能猜不出這是什麼，其實這是炒麵加炒河粉，有的店會把兩者拌在一起，有些店則是把兩者分開，每一款都占半碟。河粉口感幼滑，麵條爽口彈牙，再加上充滿清香的芽菜，實在是非常美味！

推薦食店
潮豐麵家
✉ 柯高街 32 號
🕐 07:00～14:30
MAP P.204

煲仔飯

煲仔飯是一款傳統的飯類，最傳統的製作方法是把飯和材料放進小煲(即煲仔)裡，然後用柴火去煮，煮出熱騰騰，香噴噴的煲仔飯，最常見的款式有窩蛋牛肉飯、鳳爪排骨飯、蠟味飯等。給大家一個小提醒，吃到最後，要把黏在煲底的飯焦一起吃掉，才是最正宗的吃法喔！

推薦食店
南記煲仔飯
✉ 草堆街橫巷6 號地下
🕐 18:00～00:00 MAP P.202

平記煲仔飯
✉ 營地街市綜合大樓3樓
🕐 07:30～18:00 MAP P.202

乾炒牛河

很多餐廳在聘請廚師時，乾炒牛河都是必考的菜式，這道看似簡單的菜，要做得好吃並不容易。河粉要爽滑，牛肉要幼嫩，而且吃完後不會滿碟都是油，才算合格。澳門很多間小吃店的乾炒牛河都很有水準，而且在很多茶餐廳裡都能吃到。

推薦食店
平記美食
✉ 營地街市綜合大樓 3 樓
🕐 07:30～18:00 MAP P.202

雲吞麵

雲吞跟餛飩有點相似，廣東話叫「雲吞」。雲吞的餡料包括蝦肉、豬肉等，除了雲吞外，也有用較大隻的水餃製成的水餃麵。好吃的雲吞麵麵條彈牙，湯底清甜而不肥膩，雲吞裡的蝦肉大隻，十分飽滿豐富。

(©林孟儒)

推薦食店
珠記
✉ 營地大街 127 號 (新馬路大豐銀行對面街口直入)
🕐 12:30 ～ 18:00，19:00 ～ 01:00 　MAP P.202

蝦子竹升麵

(©林孟儒)

推薦食店
祥記麵家
✉ 福隆新街 68 號地下
🕐 12:00 ～ 01:00 　MAP P.202

現在很多麵食都是用機器製成的，但這竹升麵卻仍是採用傳統的人工方法製作，師傅會利用身體的重力，利用竹桿把麵粉壓好，製成麵條，再配上鮮甜美的蝦子。一碗美味的竹升麵，真的是「根根皆汗水」，是師傅的心血和努力的結晶！

廣東粥

廣東粥有很多款式，如最著名的及第粥(材料包括肉丸和豬內臟)、艇仔粥(材料包括花生、魚片等)和肉丸粥等，通常都是新鮮滾製，口感滑順，令人回味無窮。

推薦食店

三元粥品專家
✉ 福隆下街 44 號地下
🕐 08:00～11:00，19:00～00:30
MAP P.202

成記粥品
✉ 營地大街吳家圍 (百老匯美食中心亦有分店)
🕐 07:30 ～ 13:00 　MAP P.202、203

腸粉、燒賣

推薦食店
彪記腸粉
✉ 賈伯樂提督街 8 號 (美副將來來超市旁的街進入)
🕐 07:00 ～ 12:00 　MAP P.204

腸粉燒賣是很受廣東人歡迎的早餐，腸粉是用米漿做成，捲成一條卷狀，再撒上芝麻，加上甜醬、麻醬，嗜辣的朋友也可以加上辣醬。吃腸粉時把這些混在一起，口感和味道都非常特別，再配一碗白粥，便是一道營養十足又美味的早餐了！

大比拼

杏仁餅、豬扒包及葡撻

澳門的三大名物，當然是杏仁餅、豬扒包和葡撻了，賣這些名物的食店也多不勝數，到底哪間才好吃？哪間較便宜？哪間最適合你？以下整理出評比心得，提供各位參考！

最香

咀香園

鉅記

英記

杏仁餅

分數 （五星為最高）	最香	咀香園	鉅記	英記
美味指數	★★★★★	★★★★	★★★	★★★★
包裝精美	★★	★★★★★	★★★	★★★★
口味選擇	★★	★★★★	★★★★	★★★★★
容易買到	★★	★★★★★	★★★★★	★★★★

金馬輪

大利來記

玫瑰

新鴻發

豬扒包

分數 （五星為最高）	大利來記	玫瑰	金馬輪	新鴻發
麵包鬆脆	★★★★★	★★★★★	★★★★	★★★★
豬扒味道	★★★★	★★★★★	★★★★★	★★★★
豬扒分量	★★★★★	★★★	★★★★★	★★★★
CP 值	★★	★★★★	★★★★	★★★★
容易買到	★★★★★	★★★	★★★	★★★

馬利奧

安德魯

瑪嘉烈

葡撻

分數 （五星為最高）	安德魯	瑪嘉烈	馬利奧
撻皮酥脆	★★★★★	★★★★★	★★★★
蛋漿香滑	★★★★★	★★★★★	★★★★
甜度適中	★★★★★	★★★★★	★★★★
容易買到	★★★★★	★★★★★	★★★★★

超豐盛的吃到飽自助餐

澳門除了擁有許多物美價廉的平民小吃外，各大酒店都提供自助餐(即吃到飽)的午餐和晚餐，很多都非常豐富，但價錢較貴一點，如果預算充裕，又想吃一頓較豐富美味的大餐，可以考慮選擇到大型酒店的餐廳用餐。以下介紹幾間特別受遊客和本地人歡迎，或是CP值較優的自助餐。

四季酒店鳴詩

 特色

四季酒店的鳴詩自助餐不便宜，但絕對是物有所值。他們的海鮮類非常豐富！美味的波士頓龍蝦、孔雀蛤、蝦、長腳蟹、螺貝類、生蠔、刺身、壽司無限供應，保證大家能吃到飽！除此以外，更有新鮮的現打果汁、手工窯烤的薄餅等。更讚的是，餐廳會定期推出主題自助餐，可以吃到新加坡、馬來西亞、葡國等各國美食，甜品還有葡撻和木糠布丁，品種豐富，用料新鮮！

餐廳資訊
✉望德聖母灣大馬路四季酒店 ☎訂位：(853)2881 8811 ⏰午餐：12:00～14:30，晚餐：18:00～22:00 💲午餐：週一～週五澳門幣228元，週六～日澳門幣328元 ；晚餐：週一～四澳門幣538元，週五～日澳門幣638元 🌐www.fourseasons.com/zh/macau(餐飲美食→鳴詩餐廳) 🗺P.207

威尼斯人渢竹自助餐

 特色

以亞洲美食為主，如海鮮(翡翠螺、孔雀蛤、長腳蟹、凍蝦、響螺等)、壽司、刺身及地方小吃(越式米卷、韓式年糕、煎餃子、辣子雞、獅子頭)等。

餐廳資訊
✉威尼斯人娛樂場樓層1樓1033號 ☎訂位：(853) 81189990 ⏰11:00～15:00、18:00～22:00 💲午餐：澳門幣139元；晚餐：澳門幣298元 🌐hk.venetianmacao.com(佳餚美食→渢竹自助餐) 🗺P.207

澳門很多酒店的自助餐都提供多種類型的美食，豐富的冷盤、海鮮、肉類，以及精緻的甜點，都令人垂涎三尺

金沙888自助餐

特色

集合了澳、葡、歐、中、日、泰式國際美食，還有選擇多樣的海鮮，像生蠔、蟹、壽司及刺身等，其中有多款葡式美食，如葡式烤海鮮、葡式燒魚柳、澳門燒西冷牛肉、葡式燴海鮮、西洋焗牛尾等多種充滿澳門及葡國風味的美食可供選擇。

餐廳資訊
☒金沙酒店2樓 (需經過賭場) ☎訂位：(853) 8983 8222 ◷早餐：07:00～11:00；午餐：11:30～15:00；晚餐：17:30～22:30 💲午餐：成人每位澳門幣178元，晚餐：澳門幣298元 http hk.sandsmacao.com(佳餚美食→888自助餐) MAP P.203

美高梅金殿盛事

特色

論食物的品種和物有所值程度，美高梅也不比四季鳴詩遜色，每晚的自助餐都會轉換各種不同特色的美食，韓國、馬來西亞、義大利等，任君選擇。劍魚柳、龍蝦、刺身、生蠔源源不絕，還有用料十足的西班牙海鮮飯、澳門式非洲雞等，令人食指大動！

餐廳資訊
☒孫逸仙大馬路澳門美高梅 ☎訂位：(853)8802 2372 ◷早餐：07:00～11:00；午餐：12:00～15:00 ；晚餐：18:00～23:00 💲午餐：週一～五澳門幣238元、週六288元；晚餐：週一～日澳門幣428元 @hotelreservations@mgm.mo http www.mgm.mo/zh-hant/macau/dining MAP P.202

怎樣訂到便宜的自助餐

如果自己向餐廳訂購，雖然有時也會遇上一些優惠方案，如出示某種信用卡，可以買三送一等優惠，但是，自己訂位總不及訂購自助餐券那麼划算。大家可以到旅行社及代理訂購自助餐券。價錢比向餐廳訂位更便宜更優惠。流程是先買到餐券，看清楚餐券的有效時間，然後在有效時間內訂位，用餐後只要把餐券當作金錢一樣結帳便可，十分方便。可以在以下幾個地方訂購自助餐券。

[f] 澳遊樂——澳門自助餐、澳門自助餐券專賣、澳門自助餐及門票

[http] 攜程旅遊網：www.ctrip.com

澳門的餐廳類型

澳門是個東西文化交流的地方，飲食文化也深受影響，演變出一種獨特的風格。澳門的食店有多個種類，所提供的食物類型、用餐環境和價格都會有所不同。

餐廳

食物類型：以各式料理，如葡萄牙、西班牙、日本、韓國等地方為主。

用餐環境：較高級舒適。

價　　格：一般價格較高，每人約澳門幣100～300元。

酒樓、茶樓

食物類型：以粵式飲茶為主，在早上和中午可以品嘗各式點心，晚上多是晚飯或飲宴。

用餐環境：較熱鬧嘈雜。

價　　格：價格中等，每人大約澳門幣50～100元。

茶餐廳、咖啡室

食物類型：以罐頭及即食食材製成的各種粉麵、多士(吐司、飯類)等，再配合咖啡、奶茶等飲料。

用餐環境：地方較狹小，經常需要「搭檯」(即和陌生人併桌)，較熱鬧嘈雜。

價　　格：價格較便宜，每人約澳門幣20～40元。

粥店、麵店

食物類型：粥店提供廣東粥，麵店則提供各種麵食，如雲吞麵、水餃麵、牛腩麵等。

用餐環境：地方較狹小，經常需要「搭檯」(即和陌生人併桌)。

價　　格：價格較便宜，每人約澳門幣20～40元。

快餐店

食物類型：各種速食，如漢堡、炸雞等。

用餐環境：地方較大，但人較多，較熱鬧嘈雜。

價　　格：價格中下，每人約澳門幣30～60元。

小吃店

食物類型：各式小吃，如魚蛋、香腸、雞蛋仔、牛雜等。

用餐環境：部分提供堂食(即在店裡享用食物)，但地方較狹小，亦有些不設堂食，必須外帶。

價　　格：價格便宜，每人約10～20元。

路邊小攤

食物類型：各式小吃，如魚蛋、香腸、雞蛋仔、牛雜等。

用餐環境：因為在街邊擺賣，衛生環境不及其他食店，部分設有桌椅供客人用餐，亦有部分必須外帶。

價　　格：價格便宜，每人約澳門幣10～20元。

大牌檔

食物類型：各式熱炒及小菜。

用餐環境：因為設在路邊，衛生環境不及室內小吃店，而且較嘈雜熱鬧。

價　　格：價格中下，每人約澳門幣30～60元。

住宿資訊
Accommodations

(圖片提供/澳門銀河綜合度假村)

酒店發展多元又精緻，平價、奢華的住宿都有！

澳門有哪些住宿類型

以前曾聽過不少旅客說，因為澳門的酒店太貴，他們多數都是入住民宿。可是我在這裡告訴大家：澳門是沒有合法民宿的！所有聲稱是民宿者都是非法。入住非法民宿，除了有安全隱患，對旅客本身沒有保障外，若出了什麼問題，當警察上來檢查時，還會遇上不必要的麻煩，令旅程掃興便不好了。其實，雖然澳門五星級酒店很多，但還是有便宜的住宿，而且地點也很便利，交通方便，大家可以考慮一下。在此為大家介紹澳門幾種主要的住宿。

大型酒店

■ **特色**：設施較齊全，規模較大，房間舒適度高。

■ **地點**：多在新口岸及路氹城區一帶。

■ **優點**：

1. 娛樂設施豐富，舒適度高。

2. 酒店很多都附設賭場，有不少酒店本身就是旅遊點，人流較多。

■ **缺點**：

1. 交通不太方便，雖然很多酒店都有提供接駁車，但只是連接口岸與酒店，並非連接酒店與市中心及景點。

■ **價位**：雙人房一晚大約在1,500～3,000元澳門幣。

■ **適合的遊人**：對住宿要求較高，不介意交通較不方便的遊人。

1.2.3.這些酒店大多是四星、五星級酒店，入住價格一晚不菲

■ **這類酒店**：葡京與新葡京威尼斯人、四季酒店、銀河

坐落於望廈山的望廈迎賓館，原為炮台堡壘，後來改建為賓館，現在由澳門旅遊學院接館

經濟酒店

- ■**特色**：設施不及大型酒店多，但是基本的設備，房間都會齊備，酒店規模較小。
- ■**地點**：主要位於市中心，如內港一帶。
- ■**優點**：價格較低，整齊乾淨，CP值高且多數位於市中心，交通方便。
- ■**缺點**：設備不屬於豪華，多數只具備基本設備，娛樂設施較少；且房間舒適度不如大型酒店。
- ■**價位**：一晚雙人房約700～1,000元澳門幣左右。
- ■**適合的遊人**：預算較少，對住宿要求不高的遊人。
- ■**這類酒店**：萬事發酒店、澳萊大三元酒店、澳萊英京酒店、新新酒店、鎮興酒店、望廈迎賓館等。

賓館及公寓

- ■**特色**：這些並非酒店，規模就像外國的B&B，沒有餐廳及娛樂設施，只能滿足過夜的需要。
- ■**地點**：多數位於市中心，如南灣、高士德、美副將一帶。
- ■**優點**：價位很低，可說是澳門最經濟的住宿，不會比所謂的「民宿」貴多少，但都是合法的；且多數位於市中心，交通便利。
- ■**缺點**：設施較少較舊，舒適度也不及酒店；部分賓館衛生環境不太理想，需特別注意。
- ■**價位**：雙人房一晚約300～600元澳門幣左右。
- ■**適合的遊人**：預算有限，只要求找個地方過夜的遊人。
- ■**這類酒店**：玉珠公寓、勝利別墅、高士德別墅、南濱賓館等。

選擇住宿時，該住哪一區

澳門的住宿主要分布在幾個區域：路氹城區、新口岸區、內港一帶、高士德及美副將一帶。以下為大家介紹一下每個區域的酒店特色。大家可以根據交通方便度與主要活動的地區來安排自己的住宿。

路氹城區

酒店規模

高級的大型酒店如威尼斯人、巴黎人、金沙城中心、銀河、新濠影滙、新濠天地、永利皇宮等。

前往酒店交通

酒店有接駁車連接口岸及酒店，如果坐巴士的話，從機場往路氹城區的酒店可坐26號巴士，在連貫公路/新濠天地下車，可步行前往威尼斯人、巴黎人、新濠天地；在連貫公路/金沙城中心下車，可步行前往金沙城中心、新濠影滙及永利皇宮。坐MT1號車，在望德聖母灣馬路/銀河下車，可前往銀河酒店。要留意的是，26號巴士班次較少，而且是小型巴士，對旅客而言不太方便。

從酒店往景點交通

- 前往大三巴一帶：可坐25、25B及26A巴士，在新馬路下車。
- 前往其他景點：可坐25、25B及26A巴士，在亞馬喇前地下車，再轉車前往其他地區。

酒店附近餐飲

可在酒店附設的美食廣場用餐，價錢較貴，但素質不錯。想要更多選擇，可使用威尼斯酒店西翼附近的天橋及自動步行系統前往官也街及地堡街，那邊有葡式料理、茶餐廳小吃等，價錢較便宜，選擇也多樣。

酒店附近購物

沒有超級市場及便利店，較不方便，如需要的話，只能前往地堡街的便利商店購買必需品。

路氹城區大型酒店臨立，為旅客提供了多個住宿選擇

新口岸區

酒店規模

高級的大型酒店如永利澳門、美高梅金殿、葡京、星際等。

前往酒店交通

酒店有接駁車連接口岸及酒店，亦可在機場乘坐MT1巴士，在亞馬喇前地站下車，步行前往。

從酒店前往景點交通

- **前往大三巴一帶：**可步行約25分鐘前往，若不想步行，可到亞馬喇前地坐3、3A、10、26A、33號巴士前往新馬路/永亨下車，再步行約10分鐘。
- **前往中區其他景點：**可到亞馬喇前地坐車，那裡是澳門最重要的巴士中轉站，可以坐車前往各個區域。搭3、3A、10、10A、12、28A可前往新口岸；搭9、9A可前往高士德及關閘；搭11、22、33可前往氹仔；搭25、26A、21A：可前往路氹城區及路環、黑沙，再前往各景點。

酒店附近餐飲

在北京街一帶有一些餐廳，但都以普通的茶餐廳為主，選擇不多，價錢也不便宜。個人較推薦滋味滿屋及聯邦大酒樓，可以吃到價錢較合理的西餐及廣東式飲茶。在觀音像對面也有不少韓國料理，價位屬中至高。

酒店附近購物

酒店附近有來來超市及新苗超市，可前往購買民生必需品或食物。

來來超市

✉ 羅理基博士大馬路301–319 號，境豐豪庭地下A-H 座 (地下及1樓)

新苗超市

✉ 羅理基博士大馬路保怡中心地下D至K座鋪

內港一帶

酒店規模

經濟型酒店如萬事發、新新、澳萊英京、澳萊大三元等，也有較大型高級的十六浦索菲特酒店。

前往酒店交通

這些酒店多數沒有接駁車(十六浦索菲特除外)，可在機場坐26號巴士，並在火船頭街下車(若前往十交浦索菲特酒店的遊人可在十六浦下車)，再步行前往。

從酒店前往景點交通

- **從酒店前往大三巴**：可以步行約20～25分鐘前往。
- **從酒店前往其他景點**：可以在火船頭街站坐3A、10、10A前往新口岸；搭2可以前往荷蘭園；5可以前往高士德及關閘；11可前往氹仔；26可前往路環；21A可前往黑沙海灘，再前往各景點。

高士德及美副將一帶

酒店規模

多數是賓館或公寓式住宿，如高士德別墅、玉珠公寓等。

前往酒店的交通

可在機場坐MT1到亞馬喇前地，再轉乘25B，高士德/培正站下車，步行前往。

從酒店前往景點的交通

- **前往大三巴一帶**：可到雅廉訪大馬路的雅廉花園站，坐4號巴士，新馬路/永亨站下車，步行約10分鐘。
- **前往其他景點**：可在高士德/亞利雅架站坐5、9、9A、25、25B號巴士前往關閘；在愉景花園站坐22 號巴士往氹仔；坐25號巴士往路氹城區或路環；或25B前往路氹城區。

酒店附近餐飲

可到下環街市及十月初五街吃到價錢便宜又道地的平民小吃，也可以到福隆新街享用美食。

酒店附近購物

可到下環街新苗超市，也可以到下環街市買到很多生活用品。

新苗超市

✉ 下環街35-35A號嘉興樓地下

酒店附近餐飲

在高士德一帶有很多日本料理，也有嘉年華酒樓可以享用廣東式飲茶，喜歡快餐的也可以到高士德的麥當勞及大家樂，三盞燈一帶也有很多有特色的緬甸美食。

酒店附近購物

在雅廉訪大馬路有宏基超級市場，在美副將及雅廉訪大馬路也有來來超市，在紅街市新橋一帶有市集，可以買到衣服及生活雜貨。

宏基超級市場

✉ 雅廉訪大馬路70號幸運閣(A座)

來來超市

✉ 美副將大馬路11號G地下富德花園及雅廉訪大馬路59- A號越秀花園地下F

在哪裡訂房比較方便

在出發前訂房

Booking.com、Agoda、Expedia、Hotels.com等，皆可訂房，但根據很多曾訂過澳門房間的朋友的經驗，Ctrip(攜程旅行網)的價錢相對較便宜。在旺季時房間較易客滿，建議大家在出發前先訂好房間。

在到達後訂房

在機場也有很多可訂酒店房間的櫃位，好處是彈性較大，但在旺季時未必會有房，需要留意。

使用網路訂房

網路上有不少訂房網站，如Booking.com、Agoda、Expedia等，需要注意的是，澳門並沒有合法民宿，所以在很多民宿網站上的澳門民宿都是不合法的。

- **Booking.com**：www.booking.com
- **Agoda**：www.agoda.com/zh-tw
- **Expedia**：www.expedia.com.tw
- **Ctrip (攜程旅行網)**：www.ctrip.com.hk

訂房步驟教學

以下以Booking.com為例子，為大家介紹如何在網上訂房。

STEP 1 進入訂房網站

輸入目的地：澳門，入住日期及退房日期，並輸入客房數目及人數。

客房及人數　入住日期　退房日期　目的地

STEP 2 選擇住宿地點

需要留意的資訊有：房價、房間的評分、評價、設施、取消政策等等。

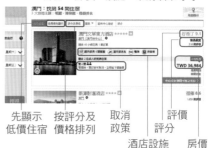

先顯示　按評分及　取消　　評價
低價住宿　價格排列　政策　　評分
　　　　　　　　　酒店設施　　房價

STEP 3 選定酒店後，再選擇好住宿方案

可選擇各種不同的房間、是否可以取消、是否含早餐的方案等。為了讓旅程較有彈性，我會建議大家選擇可以取消的方案。

是否含早餐　房間資訊　是否可以　選擇多少間
　　　　　　　　　　取消　　房間再預訂

澳門的特色酒店

如果大家的預算較多，很推薦到澳門的大型特色酒店住宿，這些酒店的規模較大，娛樂設施較優，舒適度較高，除了是酒店以外，本身亦是旅遊景點。很多設施非住客也都能使用，但當然，在酒店住宿的話更可以多花時間享受。亦有一些設施是住客才能使用的，當中最推薦的可說是銀河的天浪淘園。現在為大家詳細介紹一下幾間主要酒店的特色設施和價格。

威尼斯人酒店

1.2.酒店建造概念是源自拉斯維加斯威尼斯人度假村酒店，以威尼斯水鄉為主題，充滿威尼斯的小運河、拱橋及石板路

以威尼斯為藍本建成的酒店，占地1,050萬平方尺，是亞洲最大的單幢式酒店，亦是全球的第二大建築物，擁有3,000多間豪華套房。
■**酒店設施**：游泳池、健身中心、小型高爾夫球場、兒童樂園、賭場等。

　　酒店設有以仿照威尼斯設計的大運河購物中心，擁有照過300間店鋪，置身其中，就仿如在威尼斯縱橫交錯的巷弄中漫步一樣，即使不喜歡購物，這裡也是遊玩和拍照的好地方！還可一嘗坐貢多拉遊水城的美妙感覺。酒店還有澳門最大的室內活動場館——金光綜藝館，有很多著名歌星在此舉行演唱會。

http hk.venetianmacao.com 　$雙人房一晚約1,300～1,800元澳門幣 MAP P.206、207

巴黎人酒店

屬於金沙旗下的酒店，以巴黎為設計主題，擁有約3,000間房間。

酒店的大堂，大堂中央是一個噴水池，名為「海神噴泉」，象徵法國海上貿易的發達

巴黎人酒店最大特色，當然是其最醒目的地標——艾菲爾鐵塔了。鐵塔高162公尺，共有38層，其中7樓和37樓是觀光層，可以購票上塔參觀(分別為100元)。鐵塔每晚都會亮燈，綻放璀璨光芒。

©林孟儒

hk.parisianmacao.com $ 雙人房一晚約900～1,600元澳門幣 MAP P.206、207

艾菲爾鐵塔比例是原作的一半，以鋼鐵建造，可乘搭觀光電梯前往觀景台，感受一下巴黎的魅力

永利皇宮酒店

共有1,700間客房，更擁有5間面積6,700～8,000平方英尺的花園別墅。

酒店設有表演湖音樂噴泉，每20分鐘

遊湖纜車是永利皇宮的標誌，也是必體驗的項目

永利皇宮在夜晚看起來仍然十分華麗，搭上免費纜車可以看到附近夜景(©林孟儒)

表演一次。酒店更設有全澳酒店唯一的觀光纜車，可以坐在纜車上欣賞表演湖的表演。

www.wynnpalace.com $ 雙人房一晚約1,300～4,000元澳門幣 MAP P.206、207

新濠影滙及新濠天地酒店

新濠天地酒店包括皇冠酒店、君悅酒店及迎尚酒店，而新濠影滙屬同一公司施下，以電影為設計主題，結合了劇院、影視製片場、購物商場、娛樂與世界級豪華酒店於一身。

新濠天地以其著名表演——水舞間聞名，而新濠影滙則設有多種娛樂設施，如首創的8字摩天輪、蝙蝠俠3D影院等，還有很受小朋友歡迎的華納滿FUN兒童樂園。

....

📶 **新濠影滙**：www.studiocity-macau.com；**新濠天地**：www.cityofdreamsmacau.com/tc/hotels
💲 雙人房一晚約1,600(迎尚酒店)～3,000(君悅酒店)元澳門幣 **MAP** P.206、207

華納Fun滿園是親子同樂的好地方(©林孟儒)

新濠影滙的夜景十分漂亮(©林孟儒)

銀河綜合度假村

包括銀河酒店、悅榕莊、大倉酒店、JW萬豪酒店、麗斯卡爾頓酒店及百老匯酒店。當中以悅榕莊和JW萬豪酒店價格較貴，大倉酒店及百老匯酒店價格較便宜。而百老匯酒店的地點較偏遠，價錢雖便宜但稍為不便。

■酒店設施：UA銀河影院、賭場、時尚匯購物中心、餐廳等。

天浪淘園

凡入住銀河酒店，大倉酒店、悅榕莊、JW萬豪酒店及麗思卡爾頓酒店(不包括百老匯酒店)，都可以使用全澳唯一的水上樂園──天浪淘園。樂園景觀甚佳，設施精采豐富，面積達75,000平方公尺，擁有全球最長575公尺的空中激流，更可以到全球最大的空中衝浪池

嘗試衝浪的刺激感覺，還有令人尖叫連連的滑水天梯。喜歡靜態的朋友可以漫步白沙沙灘，欣賞波濤及瀑布。孩子亦可以在專為他們而設的遊戲專區及小童游泳池玩樂，一家人都可以盡興而歸。

由於樂園只對住客開放，人流較少，可以輕鬆悠閒地享受玩樂。

http www.galaxymacau.com ＄雙人房一晚約500(百老匯酒店)～2,000(悅榕莊酒店)元澳門幣 MAP P.206、207

1.在天浪淘園的米白沙灘享受度假／2.天浪淘園有全球最大的空中衝浪池，還有瀑布、滑水天梯、兒童水上遊戲專區及游泳池等設施可以使用／3.銀河度假村包含了幾間酒店，是澳門大型的度假村之一(1.2.3.圖片提供／澳門銀河綜合度假村)

利用免費接駁車去酒店

大型酒店基本上都有免費接駁車服務，即使在路氹城區住宿，前往酒店也沒有問題。這些接駁車會連接一些口岸如機場、碼頭及酒店。以下列出各大酒店的接駁車資料，但因為接駁車的安排有時會有改動，出發前還是以酒店的官網公布的資訊為準。

前往路氹城區

　　路氹城區的酒店雖然坐巴士不方便，但卻有個優勢，就是這些酒店都很近機場及氹仔臨時客運碼頭，而且在這兩個口岸都有直接又免費的接駁車前往路氹城區的酒店。

時刻表查詢

■威尼斯人

hk.sandscotaicentral.com(點擊右上角「交通指南」，可查詢接駁車時間表)

■巴黎人

hk.parisianmacao.com(點擊右上角「交通指南」，可查詢接駁車時間表)

■新濠天地

www.cityofdreamsmacau.com/tc(選擇最下方的「如何前往」)

■新濠影滙

www.studiocity-macau.com/tc(選擇「前往新濠影滙」)

■永利皇宮

www.wynnpalace.com/tc(選擇右上方的「如何前往」的圖示)

■金沙城中心

hk.sandscotaicentral.com (點擊右上角「交通指南」，可查詢接駁車時間表)

■銀河綜合度假村

www.galaxymacau.com(點擊右上角「交通指南」，可查詢接駁車時間表)

旅遊小叮嚀　入住酒店沒有接駁車可搭怎麼辦？

若是入住的酒店沒有免費接駁車也不要緊，只要清楚你住宿的地方附近有什麼大酒店，你就可以乘坐同區的大酒店接駁車，下車後，再步行前往你的入住酒店。

酒店	來往關閘	來往機場	來往外港碼頭	來往氹仔碼頭
威尼斯人	✓	✓	✓	✓
巴黎人	✓	✓	✓	✓
新濠天地	✓	✓	✓	✓
新濠影滙	✓	✓	✓	✓
永利皇宮	✓	✓	✓	✓
金沙城中心	✓	✓	✓	✓
銀河	✓	✓	✓	✓

酒店	來往關閘	來往機場	來往外港碼頭	來往氹仔碼頭
葡京及新葡京酒店	✓	✗	✓	✓
永利澳門酒店	✓	✓	✓	✓
美高梅金殿	✓	✓	✓	✓
星際酒店	✓	✗	✓	✗
勵庭海景酒店	✓	✗	✓	✗
英皇娛樂酒店	✗	✗	✓	✗

時刻表查詢

■葡京及新葡京酒店

www.grandlisboahotels.com/zh-hant(優閒設施→免費酒店專車服務)

來往各口岸的去程回程，都需要出示房卡及訂房資料才能乘坐。

■永利澳門酒店

www.wynnmacau.com/tc(點擊右上角「如何前往」，可查詢接駁車時間表)

從酒店往口岸，需要出示會員卡、房卡、訂房資料或消費收據才能乘坐。

■美高梅金殿

www.mgm.mo/zh-hant(點擊下方「如何前往美高梅」，可查詢接駁車時間表)

從酒店往口岸，需要出示會員卡、房卡、訂房資料或消費收據才能乘坐。

■星際酒店

www.starworldmacau.com(點擊右上角「如何前往」，可查詢接駁車時間表)

■英皇娛樂酒店

www.grandemperor.com(點擊左上角「位置」，可查詢接駁車時間表)

從英皇出發往口岸，需要到3樓換取乘車券才可乘坐。

■勵庭海景酒店

www.harbourviewhotelmacau.com(選擇「交通資訊」)

前往內港一帶

前往新新、澳萊英京、澳萊大三元、萬事發酒店等，可坐前往十六浦的車，再步行時間約5～15分鐘就可到達。

時刻表查詢

■十六浦索菲特

www.ponte16.com.mo/tc(點擊下方「交通及位置」，可查詢接駁車時間表)

酒店	來往關閘	來往機場	來往外港碼頭	來往氹仔碼頭
十六浦索菲特	✓	✗	✓	✗

前往高士德一帶

高士德區附近沒有大型酒店，不能坐免費接駁車，只能坐巴士前往。

坐巴士去各間酒店

澳門的機場巴士主要有兩條路線：**MT1**及**AP1**，雖然行經的酒店很少，但可利用MT1前往澳門最大的轉乘中心——亞馬喇前地，再從此店轉乘前往多間酒店。以下列出主要站點與可達的酒店。

MT1的站點與住宿

■ **望德聖母灣大馬路/連貫公路**：銀河綜合度假村

■ **亞馬喇前地**：葡京、新葡京、永利澳門、星際、美高梅金殿、利奧、財神、英皇、京都酒店

■ **總統酒店**：總統酒店

AP1的站點與住宿

■ **外港碼頭**：勵庭海景酒店、萊斯酒店

從亞馬喇前地轉乘

只要利用MT1轉乘，基本上要前往住宿地點並不難。

■ **轉乘2A、9A至水坑尾街站**：鎮興酒店、皇都酒店

■ **轉乘9A至高士德/亞利鴉架街**：高士德別墅、富華粵海酒店

■ **轉乘22、25、25B、9A至高士德/培正站**：高士德別墅、富華粵海酒店

■ **轉乘8A、22至俾利喇/高士德站**：高士德別墅、富華粵海酒店

■ **轉乘2A至鮑思高球場站**：玉珠公寓

■ **轉乘3A、11、21A巴士 (司打口方向)至金碧文娛中心站**：新中央酒店、萬事發酒店、新新酒店、澳萊大三元酒店、澳萊英京酒店

■ **轉乘8A、26A、33至新馬路/永亨站**：新中央酒店

■ **轉乘11、21A至司打口站**：萬事發酒店、新新酒店、澳萊大三元酒店、澳萊英京酒店

■ **轉乘8A、26A、33至十六浦站**：十六浦索菲特酒店

■ **轉乘3、10、10A、10B至北京街/假日酒店站**：假日酒店

■ **轉乘3、10、10B至理工學院站**：利奧酒店

■ **轉乘10、10B、32至高美士/馬六甲街停車場站**：皇家金堡酒店、金龍酒店、勵庭海景酒店

■ **轉乘10A、12至馬六甲街**：皇家金堡酒店、金龍酒店、勵庭海景酒店

■ **轉乘3A(關閘方向)至孫逸仙大馬路/金沙站**：勵庭海景酒店、萊斯酒店

旅遊小叮嚀 坐巴士前往酒店請注意

1. 上班和上學時間交通最繁忙，請避免在這個段時間前往酒店。
2. 部分小巴士，如21A、26A等，帶大型行李上車會較困難。
3. 澳門的巴士並沒有行李架，但大巴上中間部分有較大空間可放行李。

旅遊情報站
Travel Tips
掌握重要旅遊資訊，輕輕鬆鬆遊澳門！

認識澳門

歷史背景

說起澳門的歷史，不得不提及15～16世紀的大航海時代。1553年，想建立殖民霸業的葡萄牙人來到這裡，並以需要地方需要曬晾貨為由登岸，之後就再也沒有離開。

1623年第一任澳督就職，1846年開始實施殖民統治，華人也一直受到不公平對待，以致民怨漸深，終於在1966年爆發了「一二三事件」，居民因為氹仔坊眾學校擴建一事，與政府爆發衝突，政府實施戒嚴卻操之過急，導致多名居民無辜被殺，最後由中國政府提出交涉，葡方同意道歉。

1987年，《中葡聯合聲明》訂立，中葡同意澳門於1999年回歸中國管轄。1999年，澳門回歸中國，經濟及文化迅速發展。文化方面，於2005年，「澳門歷史城區」獲得聯合國教科文組織列為世界文化遺產。經濟方面，在2002年，賭權開放，多間外資娛樂公司進駐，推動了澳門的賭博業發展，並大大刺激了經濟及旅遊業的增長，為澳門今天的成就建立了基礎。

地理氣候

澳門位於亞熱帶地區，與香港一海之隔，包括了澳門半島，以及氹仔及路環兩個離島，人口約65萬人，是世界上人口密度最高的地區。澳門全年溫和，濕氣較重，夏天炎熱，冬季平均溫度約10度以上，從不下雪。

語言

以廣東話為主，部分居民懂得英語及普通話，尤其是年輕的一輩，因為在學校受過普通話教育，普通話程度會較老一輩居民好。至於說葡語的人其實不多，以葡人及土生葡人為主，大多數居民都不懂葡語。

貨幣

以澳門幣(MOP)為主要通用貨幣，在很多商鋪都可以使用港幣，但是很多地方都不設「補水」(即補回貨幣之間的差額)，坐巴士時用澳門幣及港幣都可以，人民幣在一些店鋪也通用，但新台幣在這裡並不通用。

前往與準備

行前準備

因為澳門跟台灣距離很近，航程也不遠，很適合在短假期時來遊玩。如果在淡季來澳，約一個月前開始準備已經可以，但若在旺季，如大型節慶、新年、聖誕、暑假、復活節等前來，因為澳門的酒店客房會較緊張，則需要多預留時間預訂機票和酒店。在決定出行後，只要按著以下步驟慢慢去做便可以了！

■1個月前：收集資料、準備證件、預訂機票、安排行程、預訂住宿
■2星期前：換澳門幣、購買保險
■1星期前：打包行李

打包行李

因為澳門天氣不冷，夏天時甚至十分炎熱，而且因為很容易找到超級市場及便利商店，要買到生活用品不難，所以到澳門旅行，以輕便的行李為主。一來旅程會較輕鬆，二來也可以留些空間，多帶些伴手禮回去。

STEP 1 準備好行李箱、收納袋、背包及貼身子袋子

· **行李箱及收納袋**

如果會多帶些伴手禮回來的話，可以準備大一點的行李箱。此外，由於澳門的一些伴手禮如杏仁餅等較容易碎，建

議也帶備用環保袋，以便把伴手禮放進手提行李裡。也可準備一些收納袋，以便放置不同類型的物品。

· **隨身的背包**

把一些藥物，隨身物品如旅遊書、帽子、雨傘、飲料等放進背包鎖好。

· **貼身的小袋子**

準備一個貼身的小袋子，可以掛在身前，以作為放置金錢、信用卡、手機及護照(或台胞證)之用。

STEP 2 準備好三大必備物品

· **生活用品**
衣服、藥物等都是必備的，至於盥洗用品，很多酒店都有供應，在超級市場亦能買到。

· **證件現金**
包括護照或台胞證、身分證、信用卡、現金等。

· **電器用品**
包括手機、相機及變壓器等。

STEP 3 列出行李清單，並準備清單物品

把不同種類的東西，放進收納袋裡，如盥洗用品、藥物等放在不同的收納袋裡，以便更容易找到。把東西放進行李箱裡後，就在清單裡打勾。

行李打包清單

衣服類
☐ 內衣_____件
☐ 內褲_____件
☐ 睡衣_____套
☐ 襪子_____雙
☐ 鞋子_____雙(一雙備用)
☐ 下雨天用防水鞋
☐ 運動鞋
☐ 夏：輕便的外衣_____件
☐ 薄風衣
☐ 冬：保暖的外衣_____件(10度以上時用)
☐ 毛衣_____件
☐ 輕薄羽絨外套(10度以下時用)

外出梳洗類
☐ 盥洗用品：毛巾、牙膏、牙刷(酒店多有提供，也可自行帶備)
☐ 化妝品
☐ 保養品
☐ 生理用品
☐ 眼鏡、隱形眼鏡
☐ 防曬乳液
☐ 雨傘

證照文件類
☐ 護照
☐ 機票或電子機票
☐ 訂房預約紀錄
☐ 港幣或澳門幣
☐ 信用卡

電器類
☐ 相機及記憶卡
☐ 手機
☐ 變壓器
☐ 備用電池、充電器

藥物類
☐ 暈車藥(澳門的巴士車速很快，很顛簸，易暈車的朋友宜帶備暈車藥)
☐ 腸胃藥
☐ 感冒藥
☐ 止痛藥
☐ 個人藥品(過敏藥、降血壓、心臟用藥)
☐ 按摩膏(腿痠痛時可使用)

其他類
☐ 旅遊資料(旅遊書，參考餐廳位置、地圖等)
☐ 保險單據
☐ 環保袋(可裝伴手禮)
☐ 洗衣袋(可裝穿過的衣服)
☐ 休足時間(腳疲累時可使用)

預訂機票

隨著台灣和澳門的交流往來越多越多，來往兩地的交通亦十分頻繁。從台北來澳門大約只需要一個半小時，而且航班選擇又多。因為競爭激烈，來往兩地的機票價錢也很便宜，大約在2,000～5,500新台幣不等。來往台灣和澳門的航空公司有長榮航空、澳門航空及台灣虎航。可以從台北、台中或高雄直航澳門，十分方便快捷，所以澳門也成了很多台灣遊人度假的好地方。

· 何時能買到較便宜機票？

通常在旅遊淡季(如9～11月、5～6月等)，航空公司都會推出優惠機票。

· 利用網站比價

網上有多個機票比價網站如ZUJI(www.zuji.com.hk)、CTRIP(www.ctrip.com)、SKYSCANNER (www.skyscanner.com.tw)、背包客棧(www.backpackers.com.tw)等，以下將會以ZUJI作為例子，為大家示範怎樣進行航班比價。

STEP 1 輸入機票資訊

輸入出發地點、目的地以及機票張數。

出發地，TPE 是桃園機場的代碼　目的地，MFM 是澳門機場的代碼

一個成年人　經濟位

STEP 2 輸入日期

使用年曆選擇出發日期以及回程日期。

選擇出發日期及回程日期

航空公司特色

	長榮航空	澳門航空	台灣虎航
來往航點	台北、台中、高雄及澳門	台北、高雄及澳門	台北、台中、高雄及澳門
服務	包含用餐，服務素質較優，可自由選擇座位，免費託運行李	包含用餐，可以自由選擇座位，免費託運行李	不包用餐，需要付費選擇座位，託運行李需要額外付費
航班時間	較優，選擇也較多	較優，選擇也較多	便宜的航班大都在非繁忙時間，時間較優的航班大多較貴
班次	台北至澳門1天約3班，每天都有航班	台北至澳門1天約4班，每天都有航班	台北至澳門1天約3班，每天都有航班
航班穩定性	大多較準時，延誤及取消航班時間較少	有時會出現延誤	有時會被取消或更改時間

機＋酒組合分析

	機加酒	機票、酒店分開訂購
方便	可以一次訂購好住宿和機票，不需要每一個分開打點，較為方便容易	需要分開預訂，手續較為繁複
選擇	旅行社提供的酒店有限	可以自由配搭，選擇較多，彈性較大
價錢	旅行社會收取費用，酒店素質較高，但價錢也會較貴	可以因應自己的預算，若預算不夠，可以預訂便宜一點的住宿，也不需要給旅行社付手續費

抵達機場

入境程序

從澳門機場入境,經過以下流程。

STEP 1　人員檢疫

疫病流行時,入境人士需要接受體溫檢查,平時並不需要。

STEP 2　通過海關檢查

STEP 3　取回行李

STEP 4　離開機場

入境須知

入境澳門時,需要向海關人員出示護照或台胞證,並不需要填寫入境表。澳門入境只需要檢查證件,並不需要其他檢查。

取回行李

離開海關檢查後,會到達行李大廳,大廳裡有指示牌,指示在哪條轉盤帶可以取回行李。

機場設施

澳門機場位於離島氹仔北安一帶,機場規模不大,只設有一個座客運大樓。跟氹仔客運碼頭相鄰,設有餐廳、商店、便利店等,亦有免費Wi-Fi、充電、行李寄存等服務。🆚www.ebiz.macau-airport.com

樓層	設施
3樓	餐廳
2樓	出境大廳
1樓	入境大廳
機場大門外	巴士站及計程車站

1.機場裡都有很清晰的標示／**2.**可到旅行社買到各種旅遊產品／**3.**可在自動販賣機買到上網卡／**4.**如有疑問,可到詢問櫃檯查詢／**5.**航空公司的櫃位／**6.**通往餐廳的電梯／**7.**可以在機場裡的郵局寄名信片(©林孟儒)／**8.**機場裡提供行李寄存服務

機場往來市區

澳門的機場位於離島氹仔，前往本島大約需要30～45分鐘的車程。這邊為大家介紹從機場到市區的巴士，以及一些轉車方法。

大三巴及議事亭前地

· 從機場前往大三巴及議事亭前地：

在機場門口坐MT1巴士，在亞馬喇前地下車，步行約20分鐘；或在亞馬喇前地轉乘11、33、21A或26A，新馬路/永亨站下車。

· 從大三巴及議事亭前地前往機場：

在新馬路/大豐坐3、3A、10巴士，在亞馬喇前地轉車前往機場；或可步行約20分鐘前往亞馬喇前地，坐MT1巴士，澳門機場下車。

風順堂區

· 從機場前往風順堂區：

在機場門口坐26號巴士(筷子基北灣方向)，在火船頭街站下車。

· 從風順堂區往機場：

在司打口站坐26號巴士，在澳門機場站下車。

東望洋區

· 從機場前往東望洋區：

在機場門口坐MT1巴士，在亞馬喇前地下車，轉乘9A、25(關閘方向)；或坐25B(關閘方向)巴士，在盧廉若公園站下車。

· 從東望洋區前往機場：

二龍喉公園坐2A巴士，亞馬喇前地下車，轉乘MT1巴士，澳門機場下車。

新口岸區

· 從機場前往新口岸區：

在機場門口坐MT1巴士，在亞馬喇前地下車。

· 從新口岸區前往機場：

在亞馬喇前地，坐MT1巴士，澳門機場下車。

沙梨頭區

· 從機場前往沙梨頭區：

在機場門口坐26號巴士(筷子基北灣方向)，在十六浦站或沙欄仔站下車。

· 從沙梨頭區前往機場：

在栢港停車場站坐26號巴士，澳門機場站下車。

高士德區

· 從機場前往高士德區：

在機場門口坐MT1巴士，在亞馬喇前地下車，再轉乘32號巴士(筷子基方向)，於高士德/培正或高士德/紅街市站下車。

· 從高士德區前往機場：

在高士德/連勝或高士德/賈伯樂站，坐32號巴士，在亞馬喇前地站下車，再轉乘MT1巴士，澳門機場站下車。

冰仔舊城區

· 從機場前往冰仔舊城區：

在澳門機場門口坐MT1巴士，望德聖母灣馬路/銀河站下車。

· 從冰仔舊城區前往機場：

在澳門運動場站坐MT1巴士，澳門機場站下車。

路冰城區

· 從機場前往路冰城區：

在澳門機場門口坐26號巴士，在連貫公路/新濠天地站下車。

· 從路冰城區前往機場：

在連貫公路/巴黎人站坐26號巴士，在澳門機場站下車。

路環區

· 從機場前往路環區：

在機場門口坐26號巴士(路環街市方向)，在路環街市站下車。

· 從路環區前往機場：

在路環街市站坐26號巴士，在澳門機場站下車。

通訊與上網

電話

澳門的固網電話都是28字頭，行動電話6字頭，因為行動電話普及，街上公共電話並不多。公共電話亭可以通話5分鐘，亦可以購買IDD電話卡，有50及100元兩種面值可以選擇。澳門的國際區碼是853，撥打本地電話時，因為沒有區號，只要直接撥打便可。

· 從台灣打電話到澳門

國際冠碼+澳門國碼+電話號碼

■ **打到市內電話**：002+853+電話號碼。
例如：打到2838-7777的方法為：002-853-28387777。

■ **打到澳門手機**：002+853+手機號碼。
例如：打到67532855的方法為：002-853-67532855

■ **打到台灣漫遊手機**：直播手機號碼。
例如：打到手機0910-333666的方法為：0910333666

· 從澳門打電話回台灣

國際冠碼+台灣國碼+區碼+電話號碼

■ **打到市內電話**：00(或+)+886+去0+電話號碼。例如：打到太雅(02)2882-0755的方法為：00-886-2-28820755。

■ **打到台灣手機**：00(或+)+886+去首碼0後的手機號碼。例如：打到手機0910-333666的方法為：00-886-910333666。

· 在澳門打到澳門電話(國際漫遊)

國際冠碼+澳門國碼+電話號碼

■ **打到市內電話**：直播電話號碼。
例如：打到2838-7777的方法為：

28387777。

■打到澳門手機：
直播手機號碼。
例如：打至手機
0910-333666的
方法為：0910-
333666。

澳門機場可以購買到預付卡與上網卡(◎林孟儒)

■打到台灣漫遊手
機：00(或+)+886+去首碼0後的手機
號碼。例如：打到手機0910-333666
的方法為：00-886-910333666。

實用網站

·澳門旅遊局
提供計畫行程、觀光、購物、美食、節
日盛事等資訊，以及有關澳門旅遊的最
新活動消息，幫助大家在出行前先掌握
好有關澳門的旅遊資訊，以便規畫行程。
http zh.macaotourism.gov.mo

·澳門旅遊網
以住宿、景點、美食、購物、娛樂和
觀光分類，為大家提供各種到澳門旅遊
的必備資訊。
http macau.com/tc

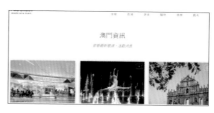

·公共巴士資訊站
提供在澳門坐巴士的資訊，如巴士站
分布、點對點查詢、路線查詢、轉乘資
訊等，是在澳門坐巴士出行的好幫手！
http www.dsat.gov.mo/bus

·澳門地球物理暨氣象局
澳門的天氣預報、氣象資訊。
http www.smg.gov.mo

·澳門世界遺產
介紹「澳門歷史城區」的詳盡資訊，
如地點、開放時間、最新消息等。
http www.wh.mo/cn

澳門餐廳指南

介紹澳門多間餐廳、特色美食、評論、餐廳排行榜等,是在澳門展開美食之旅的好幫手!

http www.openrice.com/zh/macau

手機APP

交通資訊站

公共巴士資訊站的APP版本,提供在澳門坐巴士的資訊,如巴士站分布、點對點查詢、路線查詢、轉乘資訊等,是在澳門坐巴士出行的好幫手!

掌中澳

有很詳盡的街道地圖,可快速找到觀光景點,介面簡單,十分實用!

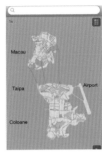

澳指南

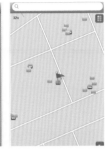

集合旅遊、生活、商業資訊,吃喝玩樂、衣食住行一點就會!

食在澳門

近兩千間餐廳、一千多張餐單,助你找到最適合用餐的地方!

澳門氣象局

天氣預報及最新的天氣資訊。

上網

因為澳門很多地方都有無線網路，而且酒店也多設有Wi-Fi，上網也很方便。來澳門玩的遊客，可以利用澳門的Wi-Fi～GO免費上網服務，也可以購買上網卡或租用Wi-Fi分享器。

免費上網：Wi-Fi任我行

為了令全城的網路普及，澳門政府在多個公共地方都提供了免費的Wi-Fi任我行服務，多數上網點都提供24小時的服務。覆蓋的地點如下：

■**口岸及旅客詢問處**：如外港碼頭、關閘等。

■**醫院及衛生中心**

■**公共交通站及街道**：關閘廣場地下巴士站、亞馬喇前地巴士站、南灣大馬路與新馬路交匯處。

■**公園**

■**廣場**

■**博物館及展覽館**

■**體育場地**

·**使用方法**：

 STEP 1 必須身處在 Wi-Fi ～ GO 的網絡服務範圍內

 STEP 2 開啟 Wi-Fi

STEP 3 先設定網路為 Wi-Fi ～ GO，選擇連線

 STEP 4 開啟瀏覽器，接受「使用規則及免責條款」

 STEP 5 開始上網

·**收費上網**

■**CTM BEST預付卡**：可以在3日(100元)或7日(300元)任用高速4G+本地流動數據+無限CTM大中華Wi-Fi。在口岸如碼頭、機場都能在自動販賣機買到，也可以在便利商店買到，十分方便。
🔗 www.ctm.net(個人服務→預付卡服務)

■**Wi-Fi分享器**：可以在機場地下的櫃檯租借到。

可以在機場的販賣機購買上網卡

日常生活資訊

氣候

澳門位於亞熱帶地區，天氣炎熱，濕氣很重，所以夏天時特別熱，而冬天

也會特別冷，感覺和實際氣溫會相差一點。人流方面，每年的農曆新年、清明節、五一黃金週、十一黃金週和聖誕節都是旅客較多的時候，所以以氣候和人流而言，最適合出遊的季節是在9、10月左右。但若想觀看一些特別節慶，則需要選擇在相應時間出遊。

四季衣著

■**春季**：春天溫暖濕氣重，偶爾仍會有點寒冷，所以長袖衣服、外套都是必不可少的。

■**夏季**：夏天炎熱，每天約30度以上，陽光很猛，衣服越輕薄清涼越好，但因為出入冷氣地方時會有溫差，也提議多帶一件薄外套。

■**秋季**：秋天涼爽乾燥，十分宜人，偶爾還有點熱，衣著以短袖衣服及薄外套為主。

■**冬季**：冬天溫度通常都有10度以上，10度以下對澳門人來說已是很寒冷的天氣了。衣服以毛衣、薄羽絨為主。

電壓

插頭為三腳方形(13A)，電壓220V。

小費

是否需要給小費視乎餐廳的類型而定，如高級餐廳、海鮮酒家、酒樓等都會付小費。茶餐廳、咖啡室、快餐店、粥麵店、路邊小攤、美食中心等，都不支付小費。

匯兒

澳門有不少兌換店，要換錢並不困難，兌換店的匯率一般都比機場櫃位較優，不過要注意的是，有些兌換店也會出現一些偽鈔，所以到機場的櫃位換錢會較安全。

由於港幣在澳門也通用，而澳門幣只在澳門通用。台灣目前只兌換得到港幣，澳門幣是需要到澳門才換得到。所以有些遊人會問：我可以在澳門只用港幣消費，不換澳門幣嗎？答案視乎你的需要而定。因為在澳門很多店鋪港幣都是通用的，只是未必設有「補水」(港幣兌澳門幣為1:1)，如果大家買的東西費用不高，並不需要特別再換成澳門幣，因為可以省卻最後把澳門幣再換回新台幣的麻煩和手續費。但若打算消費較多，還是要換合適金額的澳門幣在身邊，以免使用港幣因不補水而吃大虧了！

澳門機場的兌換店

至於匯率，10元新台幣大約可兌換2.5澳門幣，大家可以透過YAHOO的外幣換算網站查詢。

可以利用網站查詢匯率

http hk.finance.yahoo.com/currency-converter

只要看到這個標誌，即是附近有公共洗手間了

洗手間

這是旅行的其中一個大家必會關心的大問題，澳門免費的洗手間在很多地方也能找到，所以大家不用擔心！

快餐店

歐洲很多快餐店都是上了鎖或設有密碼，只提供給有光顧的客人使用，但澳門的卻不同，麥當勞、肯德基、大家樂等快餐店都有免費洗手間，即使不光顧也可以使用。因為澳門的快餐店數目不少，要找洗手間並不困難！

大型酒店

如果在新口岸及路氹城區遊玩，人有三急時可以使用酒店大堂或購物廣場的免費洗手間，因為大型酒店對衛生要求很高，洗手間都會定時清潔，又大又明亮，乾淨又舒服。

公共洗手間

一些街道上亦設有公共洗手間，例如在議事地前地附近，郵政總局旁邊便設有洗手間，許多公園也設有公廁。

治安

澳門的治安普遍良好，在旅遊區和市區都有警察巡邏，晚上亦較安全，但人多的地方仍是罪惡黑點，不時都會聽到賊人在旅遊鬧區，例如議事亭一帶，還有巴士上作案的新聞，很多都是專門挑遊客下手，需要多加小心。

當然，要防犯被偷，最重要的還是由自己做起，在外旅遊，學懂一些防範妙法，絕對是必須的。

市區街道上都有警察巡邏(©林孟儒)

放好財物

把財物分開幾個地方放好，因為小偷多數取易不取難，把背包上鎖，可以減少被偷機會。另外，也可以準備一個小袋子，把護照、金錢等最貴的物品放進去，然後把小袋子掛在脖子上，收好在衣服裡，這個方法我在治安較差的義大利都曾用過，非常有效，很推薦大家試試！

常用對話

雖然澳門有些居民也懂得普通話，但如果能用廣東話簡單交流溝通，一定會倍添親切，現在和大家分享一些較常用或好用的廣東話，除了可以多學習一種新語言之外，也能增進和當地人的溝通呢！

注意假貨幣

在一些兌換店曾被發現出現假紙幣，所以在換錢時，最好光顧規模較大、有信譽的店，亦可以在機場換錢，雖然匯率不及兌換店，但較有保障。

錢財不露白

勿在公眾場所展露財物，名牌的衣著和包包也可免則免。

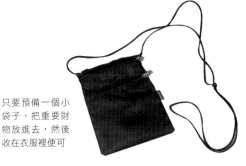

只要預備一個小袋子，把重要財物放進去，然後收在衣服裡便可

廣東話	普通話	發音
唔該！	謝謝！	m goi
點解？	為什麼	dimgai
係！	是	hei
唔係！	不是	mhei
唔好意思！	不好意思	m houyisi
對唔住。	對不起	deoi m zyu
幾錢？	多少錢？	gefqin
平 D 可以嗎？	便宜一點可以嗎？	Peng d hoji ma
我蕩失路	我迷路了	Ngo dong sat lou
可以幫下我嗎？	可以幫我一下嗎？	Hoji bong haango ma
呢度	這裡	Nidou
埋單	結帳	Maaidaan

節日假日

這些重要節日與假期，只有銀行、政府單位以及公司行號會放假，一般店家與餐廳基本上只有在過年的時候才會休息，了解澳門的重要節日與公眾假期，有助於安排自己的旅程。

每年聖誕節，在議事亭前地上都會有聖誕裝飾布置（©林孟儒）

日期	節日	備註
元旦	1月1日	
農曆新年	農曆年初一至年初三	此為法定公眾假期，很多店舖和餐廳都不會營業
復活節	按猶太曆法計算，多數在3～4月	每年日子不同
清明節	4月4日或4月5日	
佛誕	農曆四月初八	佛教節日
勞動節	5月1日	
端午節	農曆五月初五	
中秋節翌日	農曆八月十六	在澳門，中秋節並非假期，中秋節翌日才是假期
中華人民共和國國慶日	10月1日	
重陽節	農曆九月初九	
追思節	11月2日	即西方的清明節
聖母無原罪瞻禮	12月8日	天主教節日
回歸紀念日	12月20日	此為法定公眾假期，很多店舖和餐廳都不會營業
聖誕節	12月24～26日	天主教節日

緊急求救

如在澳門旅遊期間遇上緊急情況，可致電以下部門或機構。

遇到罪案

- ■ **舉報罪案**：2857-7577
- ■ **出入境事務查詢**：2872-5488
- ■ **失物查詢**：8597-0542

身體不適或遇上意外

- ■ **緊急求助熱線**：999/110/112
- ■ **仁伯爵綜合醫院**：2831-3731
- ■ **鏡湖醫院**：2837-1333
- ■ **科大醫院**：2882-1838
- ■ **旅外國人急難救助全求免付費專線**：800-0885-0885

旅遊資訊、協助及投訴

- ■ **旅遊局旅遊熱線**：2833-3000

附錄

實用地圖
與交通路線

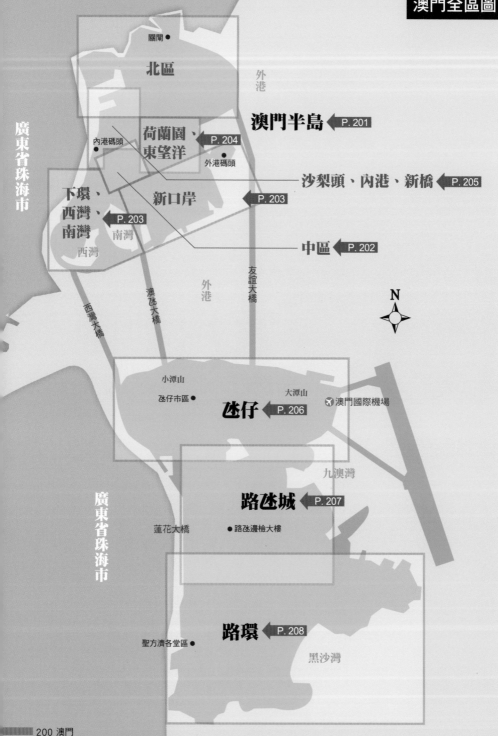

澳門全區圖

關閘 ●

北區

外港

澳門半島 ← P. 201

荷蘭園、東望洋 ← P. 204

內港碼頭 ●

外港碼頭 ●

沙梨頭、內港、新橋 ← P. 205

廣東省珠海市

新口岸 ← P. 203

下環、西灣、南灣 ← P. 203

中區 ← P. 202

南灣

西灣

N

外港

西灣大橋

澳氹大橋

友誼大橋

小潭山

大潭山

氹仔市區 ●

氹仔 ← P. 206

✈ 澳門國際機場

九澳灣

廣東省珠海市

路氹城 ← P. 207

蓮花大橋

● 路氹邊檢大樓

路環 ← P. 208

聖方濟各堂區 ●

黑沙灣

廣東省 珠海市

關閘

紀念孫中山市政公園
／永遠的握手

馬場北大馬路

台山豆花小食　　聖若瑟勞工主保堂

花地瑪聖母堂　　　　　　　皇冠假日酒店

一哥美食　　　　　　　　　　　東方明珠
錦繡粥品

祐漢街市熟食中心

蓮峰廟／林則徐紀念館

灶記咖啡

飛仔林記燒烤

愛甜品

望廈炮台

友誼橋大馬路

龍華茶樓　　望廈迎賓館
　　　　　觀音古廟／城隍廟

紅街市

雅廉訪大馬路

觀音堂（普濟禪院）

六記粥麵　　東方基金會會址

通訊博物館

鏡湖馬路

三盞燈（嘉路米耶圓形地）
馮記豬腳薑

白鴿巢公園　　基督教墳場

盧廉若公園

二龍喉公園

聖安多尼教堂

國父紀念館

消防博物館

松山市政公園

哪吒廟
大三巴牌坊

西洋墳場
塔石藝文館
塔石廣場

松山

友誼橋大馬路

十六浦索菲特
內港碼頭

望德聖母堂

東望洋炮台

外港客運碼頭
及直升機場

玫瑰堂

澳門博物館／大炮台　華士古達嘉瑪花園

金龍酒店

郵政總局大樓
何東圖書館

典當業展示館

仁慈堂大樓

皇都酒店

勵宮酒店

民政總署大樓
聖若瑟修院

三街會館

主教座堂
盧家大屋

金蓮花廣場

漁人碼頭

聖奧斯定教堂
崗頂前地

議事亭前地

加思欄花園

華都酒店

勵庭海景酒店

聖老楞佐教堂

崗頂劇院

陸軍俱樂部

利澳酒店
維景酒店

金沙酒店

洗星海大馬路

回歸賀禮陳列館
萊斯酒店

下環街市熟食中心
海事博物館

鄭家大屋

澳門政府總部

新八佰伴

富豪酒店
總統酒店

置地廣場酒店

葡京酒店

星際酒店

澳門文化中心

贏到粥
亞婆井前地

南灣·雅文湖畔

新麗華酒店
英皇娛樂酒店

新葡京酒店

藝術博物館

港務局大樓

主教山小堂

永利澳門

宋玉生公園

澳門科學館

紫來坊素食料理
媽閣廟／媽閣廟

濠璟酒店

美高梅金殿

觀音蓮花苑／佛教文化中心

媽閣山

西灣湖

南灣湖

文華東方

西灣湖景大馬路
澳門旅遊塔

孫逸仙大馬路

融和門

N

東方基金會會址
白鴿巢公園
勤記甜品＆權記骨粥
賈梅士前地
聖安多尼教堂
花王堂斜巷
花王堂前地
黃枝記
榮暉咖啡美食
南屏雅敘
巴素打爾古街
美基街
十六浦索菲特
陳德行李康記 巨記麵家
三元粥品專家
內港碼頭
陶陶居
海鮮火鍋酒家
／合記花生糖
保健牛奶公司
祥記麵家
成記粥品
潘榮記
最香餅家
最佳西方新新酒店
何東圖書館
聖若瑟修院

基督教墳場
糖朝盛世甜品
田畔街
沙欄仔街
馬禮遜教堂
新勝街
消防博物館

舊城牆遺址
榮記荳腐麵食戀愛巷
耶穌會紀念廣場
俊秀里
南記煲仔飯／楊六牛雜粥
中西藥局
同善堂歷史
檔案陳列館
女媧廟／小吃攤
金馬輪
咖啡
勝利
茶餐室
發嫂養生磨房
三街會館
商務旅遊中心
議事亭前地
民政總署大樓
郵政總
局大樓
世記咖啡
崗頂前地
聖奧斯定教堂
崗頂劇院
新麗華酒店
英皇娛樂酒店

大三巴斜巷
大三巴牌坊
伴手禮街
玫瑰堂
小上海
義順鮮奶
黃枝記
珠記
大堂街炸雞店
大堂巷
雞蛋仔
京都酒店

大炮台／澳門博物館
鏡湖馬路
炮台馬路
一蕃茄屋
鳳城軒
營地街市
美食中心
IPOR葡文書局
餃餃鎮
檸檬車露
主教座堂／大堂前地
美副街
八角亭
陸軍俱樂部

大炮
台斜巷
哪吒
廟斜巷
伯多祿局長街
大堂巷美食（恆友魚蛋、
錦華牛雜、咖哩榮）
加思欄花園
保安部隊博物館
富豪酒店
財神酒店
星際酒店
凱旋門酒店
都市日大馬路

約翰四世大馬路
商業學校街
民國大馬路
蘇亞利斯博士大馬路
亞馬喇前地

新葡京酒店
葡京路
葡京酒店（西座）
葡京酒店（東座）
隧道往葡京
表演湖
永利澳門

南灣湖

盛事
美高梅金殿
N

路線2-下環、西灣、南灣

路線3-新口岸

203

路線4-高士德、荷蘭園、東望洋

林茂海邊大馬路

美副將大馬路

雅廉訪大馬路

椿記粥品

紅街市
祐記龍鬚糖

義字街
羅白沙街

馮記豬腳薑
三盞燈(嘉路米耶圓形地)
園林小食店

馬慶康

消防博物館
泉記喳咋

葉挺故居

喜記小食
盧廉若公園

茶文化館
三寶冰室

塔石廣場

新勝街
西墳馬路

望德聖母堂
婆仔屋

禮記雪糕

藝舍

皇冠小館
潮豐麵家
雀仔園街市
張姐記食坊

金城食店

牛芳百世

真點心

雅麗娜葡式茶餐廳

觀音堂(普濟禪院)

新雅馬路

螺絲山花園

彪記腸粉
三俠潮越美食

光輝咖啡

玫瑰咖啡室
國父紀念館

美心餅店

二龍喉公園

松山

松山隧道

水池斜坡
軍用隧道

東望洋燈塔/聖母雪地殿

麗湖軒酒家
東望洋斜巷

白頭馬路

通訊博物館

金蓮花廣場

N

美心餅店

204 澳門

路線5-沙梨頭、新橋、內港

氹仔

卓家村

大潭山

路氹城

廣東省 珠海市

九澳灣

N

大潭山

氹仔

三婆廟

澳門國際機場

澳門賽馬會

澳門運動場

氹仔市區

望德聖母灣大馬路

路氹城

路氹連貫公路

廣東省 珠海市

蓮花大橋

澳門東亞
運動會體育館

N

九澳灣

水塘

九澳水庫

往路環

運動場道

龍環葡韻住宅博物館

望德聖母灣大馬路

自動步行系統

蓮花海濱大馬路

皇庭海景酒店

蓮花海濱大馬路

威尼斯人
美食廣場

氹竹

威尼斯人度假酒店
(大運河購物中心、
貢多拉船)

新城大馬路

青龍馬路

蓮花路

路氹連貫公路

路氹圓形地

傳新馬路

澳門科技大學

愛德華士大馬路

機場大馬路

新濠天地
(皇冠度假酒店、迎尚酒店、
君悅酒店、沐梵世酒店)／
水舞間

順榮大馬路

永利皇宮
(觀光纜車、表演湖)

體育館
大馬路

金沙城中心
(西遊記、Planet J冒險王國)

百老匯酒店
(百老匯奇幻秀)

澳門銀河綜合度假村
(澳門銀河、悅榕莊、
大倉酒店、JW萬豪酒店、
麗思卡爾頓酒店、
百老匯酒店)

鳴詩

四季酒店

美獅美高梅

射擊路

上葡京

巴黎人
(艾菲爾鐵塔)

路氹城大馬路

永進大馬路

網球路

溜冰路

新濠影滙(影滙之星、
蝙蝠俠夜神飛馳)

蓮花路

澳門東亞運
動會體育館

路氹邊檢大樓

蓮花圓形地

三聖宮
石街
船人街
安德魯Cafe
安德魯餅店
安德魯Cafe
屠場前地
鹹蝦巷
恩尼斯總統前地
公侯巷
雅憩花園
葡國餐廳
意度亞馬忌士花園
陳勝記
聖方濟各聖堂
十月初五馬路
路環街區散步
路環圖書館
觀音古廟
新利街
船舖前地
天后古廟

迷仔

路迷城

澳門國際機場

澳門東亞
運動會體育館

九澳灣

水塘

九澳水庫

九澳馬路

九澳山

九澳七苦聖母小堂

澳門高爾夫球鄉村俱樂部

鷺環海天度假酒店

廣東省 珠海市

聯生工業村

大熊貓館
石排灣郊野公園
土地暨自然博物館
媽祖石雕像
石排灣馬路
媽祖文化村
路環山頂公園

路環

黑沙水庫郊野公園

黑沙馬路

黑沙灣

荔枝碗

漢記咖啡

路環市區
十月初五馬路
恩尼斯總統前地
聖方濟各聖堂
天后古廟
譚公廟

疊石塘山

黑沙海灘
法蘭度葡國餐廳

黑沙公園

黑沙青年旅舍

南中國海

竹灣馬路
竹灣海灘
竹灣青年旅舍

竹灣

N

從大三巴及議事亭前地出發

葡京、永利澳門、星際及美高梅金殿
在新馬路/大豐站坐3、3A、10、10A巴士，亞馬喇前地站下車。

澳門旅遊塔
在新馬路/大豐站坐3、3A、10、10A巴士，亞馬喇前地站下車，轉乘9A、23、32號巴士，澳門旅遊塔站下車。

威尼斯人、新濠天地、新濠影滙、永利皇宮、金沙城中心及巴黎人
在新馬路/大豐站坐26A巴士，連貫公路/新濠天地站下車。

福隆新街及崗頂
步行約5分鐘。

大三巴牌坊議事亭前地

官也街及龍環葡韻
在新馬路/大豐站坐11、33號巴士，氹仔官也街站下車。

漁人碼頭、科學館、金蓮花廣場
在新馬路/大豐站坐3A、10A巴士，孫逸仙大馬路/金沙站下車。

聖方濟教堂、安德魯餅店及路環市中心
在新馬路/大豐站坐21A或26A巴士，路環市區站下車。

二龍喉公園及東望洋燈塔
在新馬路/大豐站坐2、5號巴士，在盧廉若公園站下車，再步行約10分鐘。

媽閣廟、鄭家大屋、港務局、亞婆井及主教山
在新馬路2、5、11號巴士，媽閣廟站下車。

從下環、西灣、南灣景點出發

葡京、永利澳門、星際及美高梅金殿

在媽閣總站坐9號巴士，葡京路站下車。

澳門旅遊塔

在媽閣廟站坐26號巴士，在旅遊塔/行車隧道站下車。

聖方濟教堂、安德魯餅店及路環市中心

在媽閣廟站坐26號巴士，路環市區站下車。

大三巴牌坊及議事亭前地

在媽閣總站搭乘2、5巴士，新馬路/大豐站下車。

官也街及龍環葡韻

在媽閣總站坐11號巴士，氹仔官也街站下車。

媽閣廟 鄭家大屋 港務局 亞婆井 主教山

漁人碼頭、科學館、金蓮花廣場

在媽閣總站10A巴士，孫逸仙大馬路/金沙站下車。

威尼斯人、新濠天地、新濠影滙、永利皇宮、金沙城中心、巴黎人

在媽閣廟站坐26號巴士，連貫公路/新濠天地站下車。

二龍喉公園及東望洋燈塔

在媽閣總站坐2、5巴士，二龍喉公園站下車。

福隆新街及崗頂

在媽閣總站坐2、5巴士，新馬路/大豐站下車。

從澳門旅遊塔出發

葡京、永利澳門、星際、美高梅金殿

在澳門旅遊塔坐9A、23、32號巴士，亞馬喇前地站下車。

媽閣廟、鄭家大屋、港務局、亞婆井及主教山

在澳門旅遊塔站坐18號巴士，媽閣廟站下車。

聖方濟教堂、安德魯餅店及路環市中心

在旅遊塔/行車隧道站坐26號巴士，路環市區站下車。

大三巴牌坊及議事亭前地

在澳門旅遊塔坐32號巴士，亞馬喇前地下車，步行約15鐘。

官也街及龍環葡韻

在澳門旅遊塔坐32號巴士，亞馬喇前地下車，再轉乘11、22、33號巴士，氹仔官也街下車。

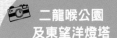
澳門旅遊塔

漁人碼頭、科學館、金蓮花廣場

在澳門旅遊塔站坐32號巴士，高美士/馬六甲停車場站下車，再步行約10分鐘。

威尼斯人、新濠天地、新濠影滙、永利皇宮、金沙城中心、巴黎人

在旅遊塔/行車隧道站坐26號巴士，連貫公路/新濠天地站下車。

二龍喉公園及東望洋燈塔

在澳門旅遊塔坐32號巴士，二龍喉公園站下車。

福隆新街及崗頂

在澳門旅遊塔坐32號巴士，亞馬喇前地站下車，步行約20分鐘。

從福隆新街及崗頂出發

**福隆新街
崗頂**

**葡京、永利澳門、
星際、美高梅金殿**

在新馬路/大豐站坐3、
3A、10、10A 號巴士，
亞馬喇前地站下車。

**媽閣廟、鄭家大屋、
港務局、亞婆井及
主教山**

在金碧文娛中心站坐2、
5 號巴士，媽閣廟站下車。

**聖方濟教堂、
安德魯餅店及
路環市中心**

在新馬路/大豐站，坐
21A、26A 號巴士，
路環市區站下車。

**大三巴牌坊
及議事亭前地**

步行約 5 分鐘。

官也街及龍環葡韻

在新馬路/大豐站，
坐 11、33 號巴士，
氹仔官也街站下車。

**漁人碼頭、科學館、
金蓮花廣場**

在新馬路/大豐站坐3A、
10A 號巴士，孫逸仙大
馬路/金沙站下車。

**威尼斯人、新濠天地、
新濠影滙、永利皇宮、
金沙城中心、巴黎人**

在新馬路/大豐站坐21A、
26A號巴士，連貫公路/新
濠天地站下車。

**二龍喉公園及
東望洋燈塔**

在新馬路/大豐站坐 2、
5 號巴士，盧廉若公園站
下車，步行約 10 分鐘。

澳門旅遊塔

在金碧文娛中心坐2、
5號巴士，媽閣廟站下
車，轉乘26號巴士，旅
遊塔/行車隧道站下車。

葡京、永利澳門、星際及美高梅金殿

在二龍喉公園站坐2A巴士，亞馬喇前地站下車。

媽閣廟、鄭家大屋、港務局、亞婆井及主教山

在二龍喉公園站坐2號巴士，媽閣廟站下車。

聖方濟教堂、安德魯餅店及路環市中心

在二龍喉公園站坐25號巴士，路環市區站下車。

大三巴牌坊及議事亭前地

在二龍喉公園站坐18A、19號巴士，新馬路/永亨站下車。

二龍喉公園、東望洋燈塔

官也街及龍環葡韻

在二龍喉公園站坐22號巴士，氹仔官也街站下車。

漁人碼頭、科學館、金蓮花廣場

在二龍喉公園站坐12號巴士，孫逸仙大馬路/金沙站下車。

威尼斯人、新濠天地、新濠影滙、永利皇宮、金沙城中心、巴黎人

在二龍喉公園站坐25、25B巴士，連貫公路/新濠天地站下車。

福隆新街及崗頂

在二龍喉公園站坐2號巴士，金碧文娛中心站下車。

澳門旅遊塔

在二龍喉公園站坐18、23號巴士，澳門旅遊塔站下車。

從新口岸酒店出發

二龍喉公園及東望洋燈塔

在亞馬喇前地站坐32號巴士(筷子基方向)，二龍喉公園站下車。

媽閣廟、鄭家大屋、港務局、亞婆井及主教山

在亞馬喇前地站坐9號巴士，媽閣上街站下車，再步行約5分鐘。

聖方濟教堂、安德魯餅店及路環市中心

在亞馬喇前地站搭乘21A、26A、25號巴士，路環市區站下車。

大三巴牌坊及議事亭前地

在亞馬喇前地站坐11、33、21A、26A號巴士，新馬路/永亨站下車，或步行約15分鐘。

官也街及龍環葡韻

在亞馬喇前地站坐11、22、33號巴士，氹仔官也街站下車。

葡京酒店
永利澳門
星際酒店
美高梅金殿

漁人碼頭、科學館、金蓮花廣場

在亞馬喇前地站坐3A(關閘方向)、10A(外港碼頭方向)巴士，孫逸仙大馬路/金沙站下車。

威尼斯人、新濠天地、新濠影滙、永利皇宮、金沙城中心、巴黎人

在亞馬喇前地站坐21A、26A、25號巴士，連貫公路/新濠天地站下車。

福隆新街及崗頂

在亞馬喇前地站坐11、33、21A、26A號巴士，新馬路/永亨站下車，或步行約20分鐘。

澳門旅遊塔

在亞馬喇前地站坐23、32號巴士(澳門旅遊塔方向)，澳門旅遊塔下車。

從漁人碼頭、科學館、金蓮花廣場出發

二龍喉公園及東望洋燈塔

在孫逸仙大馬路/友誼大馬路坐12號巴士，盧廉若公園站下車，再步行約10分鐘。

媽閣廟、鄭家大屋、港務局、亞婆井及主教山

在旅遊活動中心站坐28B號巴士，媽閣廟站下車。

聖方濟教堂、安德魯餅店及路環市中心

在孫逸仙大馬路/友誼大馬路站坐3A號巴士，亞馬喇前地站下車，轉乘21A、25、26A號巴士，路環市區站下車。

大三巴牌坊及議事亭前地

在孫逸仙大馬路/友宜大馬路站坐3A巴士，金碧文娛中心站下車，步行約5分鐘。

漁人碼頭
科學館
金蓮花廣場

官也街及龍環葡韻

在旅遊活動中心站坐28A號巴士，氹仔官也街站下車。

葡京、永利澳門、星際及美高梅金殿

在孫逸仙大馬路/友誼大馬路坐3A號巴士，亞馬喇前地站下車。

威尼斯人、新濠天地、新濠影滙、永利皇宮、金沙城中心、巴黎人

在孫逸仙大馬路/友誼大馬路站坐3A號巴士，亞馬喇前地站下車，轉乘21A、25、25B、26A號巴士，連貫公路/新濠天地站下車。

福隆新街及崗頂

在孫逸仙大馬路/友誼大馬路站坐3A號巴士，金碧文娛中心站下車。

澳門旅遊塔

在旅遊活動中心站坐23、32號巴士，澳門旅遊塔站下車。

從官也街及龍環葡韻出發

二龍喉公園及東望洋燈塔

在氹仔官也街站坐22號巴士，盧廉若公園站下車，再步行約10分鐘。

媽閣廟、鄭家大屋、港務局、亞婆井及主教山

在氹仔官也街站坐11號巴士，媽閣廟站下車。

聖方濟教堂、安德魯餅店及路環市中心

在澳門運動場站坐25、26A號巴士，路環市區站下車。

大三巴牌坊及議事亭前地

在氹仔官也街站坐11、33號巴士，新馬路/永亨站下車。

漁人碼頭、科學館、金蓮花廣場

在氹仔官也街坐28A巴士，高美士/馬六甲街停車場下車，步行約15分鐘。

官也街龍環葡韻

葡京、永利澳門、星際及美高梅金殿

在氹仔官也街站坐11、22、33號巴士，亞馬喇前地站下車。

威尼斯人、新濠天地、新濠影滙、永利皇宮、金沙城中心、巴黎人

在澳門運動場站坐25、26A號巴士，連貫公路/新濠天地站下車。

福隆新街及崗頂

在氹仔官也街站坐11號巴士，新馬路/永亨站下車。

澳門旅遊塔

在澳門運動場站坐26號巴士，澳門旅遊塔站下車。

從路氹城酒店出發

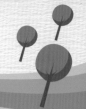

二龍喉公園及東望洋燈塔

在連貫公路/巴黎人站坐25、25B巴士，盧廉若公園站下車，再步行約10分鐘。

媽閣廟、鄭家大屋、港務局、亞婆井及主教山

在連貫公路/巴黎人站坐26號巴士，媽閣廟站下車。

聖方濟教堂、安德魯餅店及路環市中心

在連貫公路/新濠天地站坐 21A、26A 號巴士，路環居民大會堂站下車；坐25號巴士，路環市區站下車；或26號巴士，路環街市站下車。

大三巴牌坊及議事亭前地

在連貫公路/巴黎人站坐26A號巴士，新馬路/永亨站下車。

漁人碼頭、科學館、金蓮花廣場

在連貫公路/巴黎人站坐25、25B、21A、26A號巴士，亞馬喇前地站下車，轉乘3A、10A號巴士，孫逸仙大馬路/金沙站下車。

巴黎人
威尼斯人
新濠天地
新濠影滙
永利皇宮
金沙城中心

葡京、永利澳門、星際及美高梅金殿

在連貫公路 / 巴黎人站坐25、25B、21A、26A 號巴士，亞馬喇前地站下車。

官也街及龍環葡韻

使用自動步行系統，步行約20分鐘。

福隆新街及崗頂

在連貫公路/巴黎人站坐26A號巴士，新馬路站下車。

澳門旅遊塔

在連貫公路 / 巴黎人站坐 26 號巴士，澳門旅遊塔站下車。

從聖方濟教堂、安德魯餅店及路環市中心出發

二龍喉公園及東望洋燈塔

在路環市區坐25號巴士，盧廉若公園站下車，再步行約10分鐘。

媽閣廟、鄭家大屋、港務局、亞婆井及主教山

在路環街市坐26號巴士，媽閣廟前地站下車。

威尼斯人、新濠天地、新濠影滙、永利皇宮、金沙城中心及巴黎人

在路環市區坐25，或在路環街市坐26、26A號巴士，連貫公路/巴黎人站下車。

大三巴牌坊及議事亭前地

在路環街市坐26A號巴士，新馬路/永亨站下車。

漁人碼頭、科學館、金蓮花廣場

在路環市區坐25，或在路環街市坐26、26A號巴士，亞馬喇前地站下車，轉乘3A、10A號巴士，孫逸仙大馬路/金沙站下車。

聖方濟教堂 安德魯餅店 路環市中心

葡京、永利澳門、星際及美高梅金殿

在路環市區坐25，或在路環街市坐26、26A號巴士，亞馬喇前地站下車。

官也街及龍環葡韻

在路環街市坐26A巴士，華寶花園站下車。

福隆新街及崗頂

在路環街市坐26A號巴士，新馬路/永亨站下車。

澳門旅遊塔

在路環街市坐26號巴士，澳門旅遊塔站下車。

個人緊急連絡卡

您可以將此表以中文填寫，並隨身攜帶，妥善保管，以備不時之需！

姓名 Name：

國籍 Nationality：

年齡 Age：

血型 Blood Type：

護照號碼 Passport No：

過敏藥物 Drug Allergy：

重要病史 Medical History：

信用卡號碼 (1)：

國內／海外掛失電話：

信用卡號碼 (2)：

國內／海外掛失電話：

緊急聯絡人 Emergency Contact(1)：

聯絡電話 Tel：

緊急聯絡人 Emergency Contact(2)：

聯絡電話 Tel：

投宿旅館 Hotel(1)：

投宿旅館電話 Tel：

投宿旅館 Hotel(2)：

投宿旅館電話 Tel：

其他備註：

世界遊之旅

打工度假系列 夯！

澳門自由行：7 條路線懶人包　世界主題之旅112

作　　　者	超級旅行貓（梁詠怡）
攝　　　影	超級旅行狗（梁匡民）
總 編 輯	張芳玲
發想企劃	taiya 旅遊研究室
企劃編輯	林孟儒
主責編輯	林孟儒
封面設計	蔣文欣
美術設計	何仙玲
地圖繪製	余淑真

太雅出版社

TEL：(02)2882-0755　FAX：(02)2882-1500
E-MAIL：taiya@morningstar.com.tw
郵政信箱：台北市郵政 53-1291 號信箱
太雅網址：http://taiya.morningstar.com.tw
購書網址：http://www.morningstar.com.tw
讀者專線：(04)2359-5819 分機 230

出 版 者　太雅出版有限公司
　　　　　台北市 11167 劍潭路 13 號 2 樓
　　　　　行政院新聞局局版台業字第五〇〇四號

總經銷　　知己圖書股份有限公司
　　　　　106 台北市辛亥路一段 30 號 9 樓
　　　　　TEL：(02)2367-2044 ／ 2367-2047　FAX：(02)2363-5741
　　　　　407 台中市西屯區工業 30 路 1 號
　　　　　TEL：(04)2359-5819　FAX：(04)2359-5493
　　　　　E-mail：service@morningstar.com.tw
　　　　　網路書店 http://www.morningstar.com.tw
郵政劃撥　15060393(知己圖書股份有限公司)

法律顧問　陳思成律師
印　　刷　上好印刷股份有限公司 TEL：(04)2315-0280
裝　　訂　大和精緻製訂股份有限公司 TEL：(04)2311-0221

初　　版　西元2018年06月01日
定　　價　340 元

(本書如有破損或缺頁，退換書請寄至：台中市工業30路1號 太雅出版倉儲部收)
ISBN 978-986-336-243-2
Published by TAIYA Publishing Co.,Ltd.
Printed in Taiwan

國家圖書館出版品預行編目 (CIP) 資料

澳門自由行：7 條路線懶人包 / 梁詠怡作.
-- 初版 . -- 臺北市：太雅 , 2018.06
　　面；　公分 . -- (世界主題之旅；112)
ISBN 978-986-336-243-2(平裝)
1. 自助旅行 2. 澳門特別行政區
673.969　　　　　　　　　　107004461

這次購買的書名是：

澳門自由行：7條路線懶人包 (世界主題之旅 112)

＊01 姓名：＿＿＿＿＿＿＿＿＿＿＿＿　性別：□男 □女　生日：民國＿＿＿＿ 年

＊02 手機(或市話)：＿＿＿＿＿＿＿＿＿＿＿＿＿＿＿＿＿＿＿＿＿＿

＊03 E-Mail：＿＿＿＿＿＿＿＿＿＿＿＿＿＿＿＿＿＿＿＿＿＿＿＿

＊04 地址：□□□□□＿＿＿＿＿＿＿＿＿＿＿＿＿＿＿＿＿＿＿

＊05 你選購這本書的原因

　1.＿＿＿＿＿＿＿＿　2.＿＿＿＿＿＿＿＿　3.＿＿＿＿＿＿＿＿

06 你是否已經帶著本書去旅行了？請分享你的使用心得。

＿＿＿＿＿＿＿＿＿＿＿＿＿＿＿＿＿＿＿＿＿＿＿＿＿＿＿＿＿＿＿

＿＿＿＿＿＿＿＿＿＿＿＿＿＿＿＿＿＿＿＿＿＿＿＿＿＿＿＿＿＿＿

＿＿＿＿＿＿＿＿＿＿＿＿＿＿＿＿＿＿＿＿＿＿＿＿＿＿＿＿＿＿＿

＿＿＿＿＿＿＿＿＿＿＿＿＿＿＿＿＿＿＿＿＿＿＿＿＿＿＿＿＿＿＿

＿＿＿＿＿＿＿＿＿＿＿＿＿＿＿＿＿＿＿＿＿＿＿＿＿＿＿＿＿＿＿

很高興你選擇了太雅出版品，將資料填妥寄回或傳真，就能收到：1. 最新的太雅出版情報 / 2. 太雅講座消息 / 3. 晨星網路書店旅遊類電子報。

填問卷，抽好書 (限台灣本島)

凡填妥問卷 (星號＊者必填) 寄回、或完成「線上讀者情報上傳表單」的讀者，將能收到最新出版的電子報訊息，並有機會獲得太雅的精選套書！每單數月抽出 10 名幸運讀者，得獎名單將於該月 10 號公布於太雅部落格與太雅愛看書粉絲團。

參加活動需寄回函正本 (恕傳真無效)。活動時間為即日起～ 2018 / 12 / 31

以下 3 組贈書隨機挑選 1 組

放眼設計系列2本 (隨機)

手工藝教學系列2本 (隨機)

黑色喜劇小說2本

太雅出版部落格
taiya.morningstar.com.tw

太雅愛看書粉絲團
www.facebook.com/taiyafans

旅遊書王(太雅旅遊全書目)
goo.gl/m4B3Sy

線上讀者情報上傳表單
goo.gl/kLMn6g

填表日期：＿＿＿＿年＿＿＿＿月＿＿＿＿日

(請沿此虛線壓摺)

<table>
<tr><td>廣　告　回　信</td></tr>
<tr><td>台灣北區郵政管理局登記證</td></tr>
<tr><td>北 台 字 第 1 2 8 9 6 號</td></tr>
<tr><td>免　貼　郵　票</td></tr>
</table>

太雅出版社　編輯部收

台北郵政53-1291號信箱
電話：(02)2882-0755
傳真：(02)2882-1500
(若用傳真回覆，請先放大影印再傳真，謝謝！)

(請沿此虛線壓摺)

太雅部落格 http://taiya.morningstar.com.tw

有 行 動 力 的 旅 行 ， 從 太 雅 出 版 社 開 始

(請沿此虛線裁剪)